Norbert Wickbolds Denkzettel

Norbert Wickbolds

Denkzettel

1. Auflage
Copyright © 2014 by Norbert Wickbold
Layout,Umschlaggestaltung und Illustration: Norbert Wickbold
Korrektorin: Irene Wickbold
Verlag: tredition GmbH, Hamburg
Printed in Germany

ISBN: 978-3-7323-2611-2 (Paperback)
ISBN: 978-3-7323-2612-9 (Hardcover)
ISBN: 978-3-7323-2613-6 (e-Book)

Bibliografische Information der Deutschen Nationalbibliothek:
Die Deutsche Nationalbibliothek verzeichnet diese Publikation in der Deutschen Nationalbibliografie; detaillierte bibliografische Daten sind im Internet über http://dnb.d-nb.de abrufbar.

Norbert Wickbolds

Denkzettel

Die ersten zehn!

Vorwort

Schon in meiner Kindheit habe ich mich darüber gewundert, dass so viele Menschen bereitwillig fremde Meinungen ungeprüft übernehmen. Wird von den Medien oder der Politik ein Thema aufgegriffen, so ist diese Angelegenheit bald in aller Munde. Doch scheint es immer nur Befürworter und Gegner zu geben. Jeder ist stolz darauf, dass er eins und eins zusammenzählen kann. Das jemand mal ganz andere Gedanken zu dem Thema haben kann oder sogar über ganz andere Dinge nachdenkt, scheint in der als pluralistisch bezeichneten Zuschauer-Demokratie überraschend. Und für diejenigen, die sich auch im Erwachsenenalter täglich die Maxiversion eines Paperback-Großdruck-Bilderbuchs anschauen, um sich eine Meinung zu bilden, die sie dann für ihre eigene halten, ist es ungewohnt, sich eigenständig Gedanken zu machen.

Ich frage mich, ob es wohl möglich ist, Leser dazu anzuregen, sich wirklich eigene Gedanken zu machen, indem man ihnen vorführt, zu welchen paradoxen und kuriosen Ergebnissen es führen kann, wenn man die üblichen Phrasen konsequent weiter verfolgt? Vielleicht mit etwas Humor? Vielleicht, indem man die üblichen Gedankenfäden zuende spinnt und auf diese Weise auf ungeahnte Konsequenzen aufmerksam macht?

Die großen und kleinen Gedanken und Fragen der Welt, Begriffe und Ideen, Phrasen und Redewendungen in einer lockeren Folge auf humorvolle Weise zu hinterfragen und neu zu beleuchten, das ist das Anliegen dieser kleinen Denkzettel. Dabei geht es auf keinen Fall um Besserwisserei oder Aufklärung. Es soll einfach nur gezeigt werden: Ich kann auch anders! Man kann ganz anders über eine Angelegenheit denken, als es üblicherweise getan wird. Auch wenn dies im allgemeinen als »undenkbar« bezeichnet wird. Es gibt noch ganz andere Denkmöglichkeiten! Und so enthält jeder Denkzettel trotzdem ein Stück Wahrheit. Eine Art alternative Wahrheit. »So hab' ich das noch gar nicht gesehen«, mag da mancher Leser erstaunt ausrufen. Vielleicht gelingt es ja auf diese Weise, den einen oder anderen Leser zu eigenen Gedanken anzuregen und den Kopf frei zu machen, von dem ganzen, alten Ballast.

Was steckt hinter den Begriffen, die in aller Munde sind? »Volksmund tut Wahrheit kund – oder Dummheit?« Wie viele Begriffe und Redewendungen verwenden wir, ohne uns über deren Bedeutung im Klaren zu sein. Hier sei nur auf den Begriff »Schwein« verwiesen, der in vielfältiger Weise in unserem Sprachgebrauch zu finden ist, wie ich im siebten Denkzettel in humorvoller Weise gezeigt habe.

Wie viele Aussagen werden uns als bewiesene Tatsachen serviert, obwohl diejenigen, die uns von diesen Tatsachen berichten, oftmals nur wenig davon verstehen oder die vermeindlichen Tatsachen durch (absichtliche?) Weggelassenen oder durch eigene Ergänzungen entstellt haben?

Somit beleuchte ich einige »klassische« Themen aus den Bereichen Religion, Wissenschaft und Philosophie, die seit langem als eindeutig geklärt gelten. Doch schon im ersten Denkzettel kann ich zeigen, dass etwa die altbekannte Frage: »Was war zuerst da, das Huhn oder das Ei?« bis heute von den Experten nicht zufriedenstellend beantwortet werden konnte!

Obwohl das Zeitalter der Aufklärung schon zweihundert Jahre zurückliegt, heißt es bis heute im Volksmund: »Da staunt der Laie und der Fachmann wundert sich!« Wenn also auch die Experten ihre Grenzen haben, können wir uns ja auch selbst mal als Experten versuchen. Und wenn wir anschließend nicht mehr nur mit offenem Munde dastehen, sondern verwundert den Kopf schütteln – mit einem Schmunzeln, versteht sich – sind wir vielleicht ein Stück weiter. Zumindest so weit, wie die vermeintlichen Experten. Und können denen auch mal einen Denkzettel verpassen! Das wäre doch mal was – oder?

Norbert Wickbold

Das Henne-Ei-Paradoxon

Ein Wissen schaffendes

Gedankenexperiment

Norbert Wickbolds Denkzettel No. 1

Heilkunst und Farbenpracht©

Norbert Wickbolds
Denkzettel No. 1

Das Henne-Ei-Paradoxon.

Ein Wissen schaffendes Gedankenexperiment

Seit uralten Zeiten geistert durch die Köpfe so vieler Gelehrter, und vor allem tönt aus den Mündern von einer Unsumme selbst ernannter Philosophen und Welterklärern, das sogenannte Henne-Ei-Paradoxon. Sie wissen schon, die Frage: Was war zuerst da, das Ei oder die Henne? Das Huhn oder doch das Ei? Da es sich hierbei um eines der letzten ungelösten Fragen der Menschheit handelt, kann auch ich nicht der Versuchung widerstehen, hierzu ein paar Worte zu verlieren.

Die übliche Ausgangslage ist die: Nimmt man an, dass das Ei zuerst da war, so lässt sich die Frage nach seiner eigenen Herkunft nicht schlüssig klären, denn aufgrund jahrhundertelanger Beobachtungen muss es als wissenschaftlich bewiesen angesehen werden, dass Eier – wovon auch Hühnereier keine Ausnahme bilden – dadurch in die Welt kommen, dass sie von einem Muttertier, also einer Henne gelegt werden. Somit ist es durchaus plausibel, davon auszugehen, dass zunächst eine Henne da war, die dann das Ei gelegt haben wird. Jetzt wird es allerdings verzwickt, denn naturgemäß ist jedes Huhn aus einem Ei geschlüpft. Davon kann auch das erste Huhn keine Ausnahme gemacht haben. Und die andere Version hatten wir schon. Also was war wirklich zuerst da? Weil das eine das andere für seine eigene Existenz voraussetzt, was nicht geht, aber irgendwie gehen muss, spricht man von einem Paradoxon. Hier also vom Henne-Ei-Paradoxon. Soweit der Stand der Forschung. Bis auf den heutigen Tag gilt somit das Henne-Ei-Paradoxon als unlösbar. Allein um diese Unlösbarkeit zu wissen, macht oft die ganze Größe der Freizeitphilosophen aus. Es gibt für dieses Problem jedoch unzweifelhaft eine Lösung, schließlich wären sonst nicht so viele Hühner entstanden, sodass inzwischen riesige Imbissketten davon leben können.

Manche Probleme sind nur deshalb so groß, weil es einen kleinen Gedankenfehler gibt, an dem von allen, die sich damit beschäftigen, mit Hartnäckigkeit festgehalten wird und der dann jedes Mal alles vermasselt. Hier ist es zunächst einmal erforderlich, das Problem in seiner Vollständigkeit zu beschreiben. Aus mir unbegreiflichen Gründen, ist es bisher niemandem aufgefallen, dass das Problem noch nie vollständig beschrieben worden ist. So ist es auch nicht verwunderlich, dass es auch bei verzweifeltem Grübeln, nicht gelungen ist, zu einer Lösung zu gelangen. Ich will nun wirklich nicht behaupten selbst besonders schlau zu sein oder dass ich es auch nur im entferntesten hinsichtlich der Geistesschärfe mit all den Größen, die sich an diesem Paradoxon abgemüht haben, aufnehmen könnte. Ich verstehe nur nicht, wieso *das* mit Beharrlichkeit vergessen wurde – zumal es sich bei den meisten Denkern um Männer handelte!

Nun gut, kehren wir zu dem Problem in der bekannten Sachlage zurück und lassen das erste Huhn aus dem ersten Ei schlüpfen. Jetzt möchte ich doch mal ganz provokativ die Frage stellen: Was war nach dem Ei und dem Huhn? Oder besser gesagt: Was tat das Huhn, nachdem es in der Welt war? Es ist anzunehmen, dass es tat, was auch die heutigen Hühner tun, es ernährte sich von dem, was seiner Art gemäß ist und lebte viele glückliche Jahre und… Und… und… – es lebte bis… Nein, gestorben sein kann dieses Huhn überhaupt nicht. Jedenfalls nicht bevor… Denn irgendwann verspürte es ein gewisses Gefühl. Eine wahre Lust. Einen Trieb. Es wollte unbedingt… Ein Ei legen! Schließlich war es doch ein Huhn. Doch um ein Ei legen zu können, musste es zunächst… Also es ist schon wirklich seltsam, dass gerade die Männer nicht daran gedacht haben. Natürlich konnte das Huhn zwar ein Ei legen, jedoch hätte es darauf brüten können, so lange es wollte, aus dem Ei wäre rein gar nichts ausgeschlüpft. Selbstverständlich konnte das Huhn auch nicht einfach unverrichteter Dinge wieder von der Erdoberfläche verschwunden. Jedenfalls nicht bevor… Ja bevor es – auf einen – na? Auf einen

Hahn getroffen ist! Ja, endlich! Damit aus einem Ei ein Kücken schlüpfen kann, muss es zuvor durch einen Hahn befruchtet worden sein. Ohne Hahn keine Befruchtung, ohne Befruchtung kein ausbrütbares Ei und ohne ausgebrütetes Ei kein Kücken. Unglaublich! Über Jahrhunderte sind Generationen von Menschen morgens durch das Krähen irgendeines Hahnes geweckt worden, doch niemandem ist aufgefallen, dass das sogenannte Henne-Ei-Problem eigentlich ein Henne-Ei-Hahn-Problem ist!

Jetzt müssen wir also die Frage erweitern und die Frage formulieren: Was war zuerst da, das Ei, die Henne oder der Hahn? Lässt sich nun das Problem lösen? Nein! Angenommen das Ei wäre zuerst dagewesen, also eines, das weder von einem Hahn befruchtet, von einer Henne gelegt noch von Huhn oder Hahn ausgebrütet worden ist. Und nehmen wir weiterhin an, aus diesem ersten ungelegten Ei wäre tatsächlich ein – geben wir der Dame den Vortritt – eine Henne geschlüpft, dann wäre aus diesem Hennenkücken, wenn es vom lieben Gott großgezogen und mit Futter und allem was es benötigte versorgt wurde, schließlich eine ausgewachsene Henne geworden. Vielleicht hätte diese Hühnereva, zumal es ja keinen Hähnchenadam gab, anders als bei den Menschen, keinen Sündenfall begannen. Dann wäre es bis heute unsterblich geblieben und wäre niemals aus dem Hühnerparadies vertrieben worden. Es hätte nie die Notwendigkeit gehabt, unter Schmerzen ein Ei zu legen, um für seine Fortpflanzung zu sorgen. Dann hätte niemals irgendein philosophisch gebildeter Mensch über das Henne-Ei-Problem nachdenken können.

Aber heute gibt es Eier! Ja, es gibt ganze Legebatterien von Eiern und von Hennen, die wie am Fließband Eier produzieren. Zugegebenermaßen nicht zur eigenen Fortpflanzung, sondern zur Ernährung der Menschen und zu deren Geldvermehrung. Nun ja, jetzt sind wir abgeschweift. Wir sind ja immer noch beim allerersten Huhn. Und obwohl ihr kein Hahn beigesellt wurde, hat die Hühnereva doch einen Sündenfall… Nein, also wenn irgendjemand in der Welt wirklich rechnen können muss, dann ist das doch wohl der liebe Gott. Da ist zunächst ein Ei. Aus diesem Ei schlüpft eine Henne, diese Henne legt ebenfalls ein Ei und daraus schlüpft ein Hahn und… dann gibt es natürlich ein Happy-End. Nein kein Ende, sondern der Anfang, der Beginn eines weltweiten grandiosen Hühnergeschlechts! Aber wer hat die Henne befruchtet, damit sie das Ei legen konnte, aus dem der Hahn heranwachsen konnte, der der Urvater aller Hühner werden sollte, wie Abraham bei den Juden? Oder sollte aus dem ersten Ei der

Hühnerabraham selbst geschlüpft sein? Und woher wäre dann die Henne gekommen? Schließlich konnte der Hahn selbst ja kein Ei legen, aus dem ihm eine Hühnereva oder Hühnersara hätte heranreifen können. Sollte der liebe Gott auch dem Hühneradam oder Hühnerabraham eine Frau aus den Rippen geschnitten haben? Also eines wird jetzt schon klar, ohne Gott geht gar nichts! Nein jetzt fangen wir nicht auch noch an zu fragen, woher Gott selbst…

Ich wage es ja kaum auszusprechen, aber jetzt müssten wir wirklich die Frage nach dem Schöpfungsmythos der Hühner neu stellen. Die Frage lautet nun: Was war zuerst da, das Ei, die Henne, der Hahn oder der liebe Gott? Also bisher haben wir die Henne und alternativ den Hahn aus dem Urei kriechen lassen. Es gibt ja durchaus Schöpfungsmythen, die lassen einen Gott aus einem Urei schlüpfen. Kann das die Lösung sein? Wir müssen alles in Betracht ziehen. Gott ist aus einem Ei hervorgegangen und hat dann ein Ei, ein Huhn, einen Hahn – nach seinem Ebenbild…? Auch so kommen wir nicht wirklich weiter, denn woher sollte das Urei gekommen sein, wenn es nicht von Gott höchstpersönlich geschaffen worden ist? Gott ist irgendwie da und schafft den Prototyp des Hühnereis aus dem eine Henne schlüpft, das ein Ei legt, das bringt den Hahn hervor… Es wird immer komplizierter.

Hätte ich mich bloß nicht darauf eingelassen, aber jetzt bin ich soweit gekommen, jetzt will ich auch wissen, wie es weitergeht. Also, wenn das wirklich so weitergeht, dann brauchen wir noch den Osterhasen, der das Urei dem lieben Gott zu Ostern... oder aus dem der liebe Gott zu Ostern... Nein, nein, nein! Jetzt weiß ich zumindest, weshalb der Herrgott die Menschen aus dem Paradies vertrieben hat: Weil es ihn kolossal genervt hat, dass die immer so komplizierte Fragen gestellt haben und ihn dadurch von seiner Schöpfertätigkeit abgehalten haben.

Dann, eines lieben Schöpfungstages regnete es und der Mensch saß in seinem Wohnzimmer und ersann das Henne-Ei-Paradoxon. Endlich hatte Gott Ruhe und so schuf er die Hühner und sprach: Ich schaffe euch als Mann und Frau und lege euch ein hübsches Ei ins Nest, das sollt ihr hüten und bebrüten. Und die Hühner lebten glücklich und zufrieden und sie vermehrten sich bis in unsere Tage. Nur der Mensch brütet bis auf den heutigen Tag und kann doch kein einziges Ei legen.

So ist denn das allbekannte, unscheinbar wirkende Lied: »*Wachet auf, wachet auf! Es krähet der Hahn!*« in Wirklichkeit ein göttlicher Weckruf für die Menschen, aber sie haben es bis heute nicht begriffen!

Der Urknall und seine Folgen

Gedanken zur Wissenschaft
und überhaupt zu Allem

Heilkunst und Farbenpracht©

Norbert Wickbolds
Denkzettel No. 2

Der Urknall und seine Folgen
Gedanken zur Wissenschaft
und überhaupt zu Allem

Haben Sie nicht auch manchmal den Eindruck, dass die Welt immer komplizierter wird? Das fängt inzwischen sogar schon bei den Dingen an, die noch vor kurzem ganz einfach waren. Und die Angelegenheiten, die immer schon sehr schwer zu verstehen waren, sind noch komplizierter geworden. Sicherlich, früher war durchaus nicht alles ganz einfach, aber man wusste doch wenigstens woran man war. Die Dinge hatten ihre Ordnung, und zwar von Anfang an. Man wusste, dass Steine, Pflanzen, Tiere – und natürlich auch die Menschen – ja überhaupt die ganze Welt, von Gott allein in sechs Tagen, beginnend mit dem 23. Oktober 4004 v. Chr. geschaffen worden waren. Man wusste also das genaue Datum! Wenn die Menschen einst jahrelang schufteten, um z.B. eine Kathedrale zu bauen, so bestaunen wir bis heute die gewaltige Größe und Einzigartigkeit dieses Bauwerks. Und dennoch: Was ist die größte Kathedrale gegen das Mammutwerk der Schöpfung, was Gott in sechs Tagen vollbracht haben soll? Ich sage, soll, denn heute wird nicht nur Gott, sondern auch die ganze Schöpfung angezweifelt.

Während ich so über diese Dinge nachdenke, befinde ich mich auf einer Insel und spaziere zusammen mit meiner Frau vom Strand zurück zu dem von einer Freundin angemieteten Haus. Es war ein sehr verregneter, trüber Tag. Da tauchte, wie aus heiterem Himmel, ein knallbunter Ball auf. Als ich mich darüber amüsierte und ihn zu meiner Frau herüber schießen wollte, zeigte sich allerdings, dass ihm schon ein gehöriger Teil seiner Luft ausgegangen war. Wir kickten uns den Ball gegenseitig zu und hatten unseren Spaß damit. Das etwas erschlaffte Ding hatte uns beide aus einer trüben Stimmung herausgeholfen und uns wieder Kraft gegeben. Als wir an ein Eisengatter kamen, wurde ich übermütig und versuchte den Ball mit Schwung durch die unteren beiden Querstangen hindurch zu schießen. So viel Kraft hatte ich denn doch nicht gesammelt und so blieb er statt dessen mit einem Knall genau zwischen den rostigen Stangen eingeklemmt stecken.

Während ich das plumpe Krachen in den Ohren und den bunten Farbenwirbel vor Augen hatte, kam mir unverzüglich die Vorstellung vom Urknall in den Sinn, wie sie seit einigen Jahrzehnten von der modernen Wissenschaft dargestellt wird. Mit einem gigantischen Knall soll die Welt entstanden sein. Vor diesem Urknall, so heißt es, existierte rein gar nichts – auch kein Gott – und innerhalb eines ungeheuerlich winzigen Bruchteils einer Sekunde war die ganze Welt da und breitete sich seit dem zu der Größe aus, die sie heute hat. Allerdings glauben die Wissenschaftler, dass der Urknall schon vor vielen Milliarden Jahren stattgefunden hat. Und – wie schon gesagt, es wird immer komplizierter – das Weltall breitet sich ohne Unterbrechung immer weiter aus. Das hört einfach nicht auf, sich auszubreiten. Oder doch? Oder geht irgendwann alles wieder rückwärts? Nein, jetzt wollen wir die Sache nicht auch noch komplizierter machen. Wo das alles hinführt, das besprechen wir ein anderes Mal.

Bleiben wir beim Anfang. Auch die Wissenschaftler könnten uns ein exaktes Datum nennen. Sie können es nur deshalb nicht, weil es zu der Zeit, als der Urknall stattfand, weder Uhren noch Kalender gab. Es hätte ja auch gar keinen Sinn gehabt, wenn… Nein der Kalender ist erst viel später – erst nach vielen Milliarden Jahren entstanden. Denn nicht nur die Welt nahm ihren Anfang, sondern auch die Zeit. Da kann ich der Wissenschaft schon nicht mehr folgen. Wenn die Zeit – ich möchte fast sagen gleichzeitig – mit dem Urknall entstanden ist, wieso lebten dann zum Beispiel die Saurier, die ja auch viele Millionen Jahre lang die Erde unsicher gemacht haben sollen, wieso lebten die Saurier in der Vorzeit? Da lag der Urknall doch auch schon viele Milliarden Jahre – kaum weniger als heute – zurück. Gab es vor der Zeit die Vorzeit und vor der Vorzeit die Vor-vor-zeit? Schon wieder wird es kompliziert. Oder gab es da doch noch gar keine Zeit? Es müsste doch auch schon, als die Erde vom Stampfen der Saurier bebte, Zeit gegeben haben. Ich glaube, damals gingen die Uhren viel, viel langsamer. Nein, natürlich gab es damals keine Uhren und es gab selbstverständlich auch noch niemanden, der auf die Uhr hätte schauen können. Das wäre ja auch sinnlos gewesen, denn welche Uhr hätte diese riesigen Zeiträume darstellen können? Und wer hätte es beobachten können, dass wieder ein altes Jahrmilliard rum war und ein neues anfing? Zumal die Zeit – als sie noch Vorzeit war – viel langsamer verstrich, als heutzutage. Wahrscheinlich fehlt uns einfach die Vorstellungskraft uns gedanklich soweit zurück zu versetzen.

Na ja, aber denken können wir es doch. Ich meine, wir können uns bis ans Ende der Welt alles Mögliche denken – wenn es das überhaupt gibt. Oder eben bis an den Anfang der Welt, also dem Urknall. Mit unserem Denken können wir den Urknall beobachten, obwohl kein Lebewesen dabei gewesen sein kann. Das wirft natürlich eine ganz neue Frage auf: Wenn wir uns an den Anfang der Welt denken können, können wir uns dann auch an den Anfang unseres eigenen

Denkens denken? Ist es denn nicht auch mit unserem Denken so, oder zumindest so ähnlich? Ich frage Sie: Wann entstand in Ihrem Hirn Ihr erster Gedanke? Aha, Sie wissen das nicht! Natürlich nicht. Wie sollten Sie auch? Ihr erster Gedanke wird ja wohl kaum gewesen sein: Oh, ich denke ja gerade! Das ist ja toll. Ich wusste gar nicht, dass ich das kann. Soweit Sie sich in ihrem eigenen Leben zurückdenken können, hatten sie stets ein ganzes Feuerwerk an Gedanken. Ist es nicht unheimlich schwer, sich auf nur einen einzigen Gedanken zu konzentrieren? Ich meine, ohne dass einem dabei alles Mögliche durch den Kopf geht und dazwischen funkt? Gab es also einen Urgedanken, von dem alle anderen, alles, was wir danach gedacht haben, abstammen? Dieser erste Geistesblitz wäre sozusagen der geistige Urknall gewesen?

Das mag ja für uns zutreffen, aber für den Urknall, von dem hier die ganze Zeit die Rede ist, kann das natürlich nicht gelten. Wieso nicht? Na, weil es ja noch kein Wesen gab, dass diesen Ur-Urknall durch seinen Geistesblitz hätte auslösen können. Die Saurier sollen ja – so behaupten manche Wissenschaftler – aus dem Grunde ausgestorben sein, weil sie ein viel zu kleines Gehirn hatten. Außerdem waren die viel zu träge für Geistesblitze. Und die ersten Lebewesen, die Einzeller, die hatten gar keinen Denkapparat. Die konnten

27

also überhaupt nicht denken und keine Gedanken-
blitze erzeugen. Wahrscheinlich gab es also doch einen Gott und der hatte erst einen Gedankenblitz,
quasi den Urgedankenblitz, worauf, bzw. wodurch er
dann im besagten Urknall die ganze Welt entstehen
ließ. Wie das beides dann wieder zusammen hing, ist
nun wieder sehr kompliziert zu erklären…
Oder sind wir nur dadurch da, dass wir uns selbst denken? Das kann auch nicht sein, denn es gibt ja genug
Menschen die gar nicht denken. Das geht durchaus!
Und dann hätte es überhaupt gar keinen Urknall gegeben. Keinen Urgedankenblitz und keinen Urknall?
Und was war dann mit der Urzeit? Dann stehen wir
also wieder ganz am Anfang! Sehen Sie wie jedes Ding
und auch die ganze Welt, immer komplizierter wird,
je weiter wir uns vom Anfang entfernen? Dabei wollen wir doch gerade den Anfang verstehen!

Es ist zum Verzweifeln! Für mich selbst völlig unerwartet stoße ich einen Urschrei aus – und sofort wird
mir vollkommen klar: das ist wirklich ganz einfach!
Ich meine, einen solchen Urschrei auszustoßen. Doch
dann durchzuckt mich völlig unerwartet ein Geistesblitz und lässt mich nicht mehr los: War das, was die
Wissenschaftler als Urknall bezeichnen vielleicht…
Bitte verzeihen sie mir diesen Gedanken… War

der Urknall vielleicht eher ein Urschrei? Ja, jetzt ist es raus. Und jetzt führe ich das auch ganz zu Ende. Mit allen Konsequenzen. Ein Urschrei Gottes! Ja, ich weiß, die Vorstellung ist ungeheuerlich, aber ist es nicht auch ungeheuerlich, sich den Beginn der Welt als einen gigantischen Urknall vorzustellen, der sich quasi selbst verursacht hat? Erklärt uns die Wissenschaft nicht mit akribischer Genauigkeit bis in den Bereich der Elektronen hinein, dass es keine Wirkung ohne Ursache geben kann? Wenn sich nicht ein kleines Elementarteilchen ohne Ursache bewegt, wie kann dann die ganze Welt mit einem riesigen Knall entstanden sein, ohne ein, diesen Krach erzeugendes Wesen? Ein Krach muss das ja gewesen sein. Ob der nun als Urknall oder als Urschrei zu identifizieren ist, weiß Gott allein. Ja, es ist unglaublich, Gott schreit sich die Seele aus dem Leib – und wir ignorieren ihn einfach!

Jetzt frage ich mich allerdings, ob Gott seinen schöpferischen Urschrei gewissermaßen als Welt-Schöpfungsakt ausstieß oder – das wäre immerhin auch möglich – hat er den Urschrei ausgestoßen, als er, der noch unmittelbar nach seiner Schöpfung sah, dass es gut war, später gemerkt hat, was wir Menschen aus seiner Schöpfung gemacht haben?

Kopfkrieg

oder:

Die Dummen sterben nie aus !

Heilkunst und Farbenpracht©

Norbert Wickbolds
Denkzettel No. 3

Kopfkrieg
oder: Die Dummen sterben nie aus!

Haben Sie schon mal etwas vergessen? Gelegentlich schon! Na ja, das ist ja durchaus in Ordnung. Auch wenn es natürlich nicht ganz in Ordnung ist. Was tut man nicht alles, um nichts zu verlieren oder um nichts zu vergessen? Man könnte sich einfach alles aufschreiben. Dann bräuchte man nur nachzuschauen und dann wüsste man wieder Bescheid. Das Gemeine daran ist, dass man gerade die Dinge, die am Wichtigsten sind, besser nicht aufschreibt. Etwa Geheimnummern oder Passwörter. Oder, wenn Sie so etwas haben, den Zugangscode zu Ihrem Tresor. Nee, da soll natürlich niemand Unbefugtes drankommen. Da ist es schon besser, wenn man sich das gut merkt, damit man geschützt ist vor… Das geht einfach niemanden was an. Punkt! Das muss man alles im Kopf behalten. Das müssen Sie sich gut merken, denn das muss streng geheim bleiben.

Einst hatte man Dinge, Gegenstände und zuweilen sogar Menschen an geheime Orte gebracht, um sie vor anderen zu verbergen. Etwa einen Goldschatz auf der Schatzinsel. Das wusste dann natürlich niemand anderes, dass es sich bei der abgelegenen Insel um die Schatzinsel handelte. Doch früher oder später bekamen dann doch andere Menschen Wind davon und bald kamen verwegene Piraten oder andere Räuber und dann war der Schatz weg.

Am besten, man versteckt die Dinge nicht an Orten sondern in der Zeit. Sie meinen, das geht nicht? Ich bin mir sicher, dass Sie das selbst auch so machen. Ja, inzwischen ist es üblich, wichtige Dinge in Ereignisse zu packen, die sich in der Vergangenheit befinden. Und zwar in der eigenen! Das hat den genialen Vorteil, dass wirklich kein anderer Zugang dazu hat. Niemand kann einfach so in der Vergangenheit eines anderen herumspazieren. Und so kommt es, dass es früher lauter große Ereignisse gab, von denen die meisten Leute gar nichts mitbekommen haben.

Heutzutage kann natürlich jeder in Geschichtsbüchern oder im Internet nachsehen, aber *die* Ereignisse sucht man dort vergebens. Und wenn Ihnen andere Menschen begegnen, wissen Sie nie, wie viele Schätze und Schatzinseln diese Leute vor Ihnen verbergen. Manch einer tut vielleicht so, als wäre er bettelarm, doch in Wirklichkeit hat er Schätze in seinem Inneren aufgehäuft wovon er selbst – für Sie völlig unbemerkt – reichlich Gebrauch machen kann. Er geht dann mit seinem Bewusstsein an eine geheime Stelle und braucht nur mal eben *»Sesam öffne Dich«* oder etwas anderes zu rufen und schon stehen ihm alle Schätze Arabiens zur Verfügung. Na ja, Sie kennen das sicher selbst und haben Ihre eigenen Schatzinseln in Ihrer Vergangenheit versteckt. Auf seiner Schatzinsel ist man schließlich ganz für sich allein. Da kann Niemand kommen und einen stören. Das kann einem Niemand nehmen. Oder doch?

Seit einiger Zeit schleicht in manchen Köpfen tatsächlich jemand herum. Zuerst hatte ich geglaubt, es handle sich um ein Gespenst oder um ein Hirngespinst. Sie werden es nicht glauben, aber es ist leider wahr. Ein ganz entfernter Verwandter. Es soll ein Urahne aus Alzheim sein. Woher die Leute wissen, dass der aus Alzheim kommen soll hab' wieder vergessen. Das ist scheinbar so eine Art Neandertaler. Der kennt sich mit dem Abstauben von Vergangenheit aus. Bisher glaubte man, er sei längst ausgestorben. Seit dem die Menschen immer älter werden, haben sie auch immer mehr Vergangenheit. Und in diesen vielen Vergangenheiten verbergen sich unendlich viele geheime Erinnerungsschätze. Die schlummern unbeachtet verborgen in alten Umzugskatons auf so manchen dunklen Dachkämmerlein. Und so findet er reichlich Nahrung und breitet sich aus. Vielleicht betreibt der ja heutzutage ein Entrümpelungsunternehmen. Nur das vertrackte ist, dass der völlig ungefragt mit seinem Onkeltrick kommt!

Also jetzt muss ich ganz persönlich werden: Falls der bei Dir auftauchen sollte, lass diesen Herrn auf keinen Fall rein! Du wirst ihn nicht mehr los und der bringt Dir alles durcheinander. Stück für Stück beraubt er Dich all deiner Schätze. Erst heimlich und fast unmerklich. Doch mit der Zeit wird er immer unverschämter. Er macht schließlich am helllichten Tag Beute. Und du kennst Dich bald gar nicht mehr aus. Und wenn Du dann was suchst, brauchst Du den Alzheimer gar nicht erst zu fragen. Der gibt Dir keine Auskunft. Der streitet alles ab. Was der einmal hat, das gibt der nicht wieder raus. Aus und vorbei. Weg ist weg. So' n bischen kommt mir der mysteriöse Herr ja schon wie ein Gespenst vor. Gesehen hat ihn jedenfalls noch niemand. Nur wenn die Erinnerungen allmählich alle verschwinden, glauben alle, dass müsse wieder ein Werk von Onkel Alzheimer sein. Zugegeben, das spielt sich alles nur im Kopf ab. Fragt sich nur in welchem. Okay, das war jetzt gemein.

Aber es gibt noch ganz andere, die es auf Deine geistigen Schätze abgesehen haben. Das spielt sich nicht einmal in der realen Welt ab, sondern in der virtuellen. Die sind genauso wenig greifbar wie der Onkel aus Alzheim. Manchmal könnte man glauben, dass man seinen Verwandten überhaupt nicht trauen kann. So ging es jedenfalls einem guten Freund von mir. Der hatte einen großen Bruder. Wenn es etwas gab, wovon niemand etwas wissen sollte oder wenn

36

er selbst irgendetwas angestellt hatte, hat sein großer Bruder alles weitergesagt. Entweder hat er es den Eltern gepetzt oder auch beim Lehrer in der Schule.

Der große Bruder sieht alles und weiß alles! So hat er es sich angewöhnt, alle wichtigen Dinge und alles, von dem er glaubte, dass es ihm Ärger bereiten könnte, wenn jemand anderes davon erfährt, für sich zu behalten.

Bevor die Menschen angefangen hatten, sich in Gedanken Schatzinseln zu erobern, um dort ihre geistigen Schätze zu verbergen, wurde ein Lied gedichtet. Das fing so an: Die Gedanken sind frei, wer kann sie erraten? Seit dieser Zeit wuchsen überall gedankliche Schatzinseln aus den Seelenmeeren, die eine unglaubliche Anzahl von Schätzen bargen. Vielleicht haben wir das ja Onkel Alzheimer zu verdanken, dass heute immer mehr Schatzinseln preisgegeben werden.

Irgendjemand muss es dem »Großen Bruder« verraten haben! Ja der »Große Bruder« aus Amerika, der hat das von dem großen Bruder meines Freundes abgeguckt. Der hatte ihm wo es ging aufgelauert. An dem kam er nicht vorbei. Dann hatte er ihn ausgefragt und er musste ihm alles sagen, was er wissen wollte. Sonst ließ er meinen Freund nicht vorbei. Mir kam dieser große Bruder wie ein Wegelagerer vor. Und beim Fasching hat er sich immer als Pirat verkleidet. Der brauchte sich gar nicht verkleiden. Der war sowieso ein Pirat. Bis heute taucht der immer wieder und ganz plötzlich in meinem Seelenmeer auf.

Heute werden die Weltseelenmeere von den Piraten des »Großen Bruders« heimgesucht. Die lauern überall. Man muss Fragebögen ausfüllen, bevor man weitergelassen wird. Und ob einen das wirklich weiterbringt, ist fraglich. Heutzutage singen sie das alte Lied neu: Die Gedanken sind frei, wer kann sie vermarkten? Ja unglaublich! Onkel Alzheimer frisst die Gedanken alle auf und diese hier, die machen fremde Gedanken zu Geld. Die machen aus ihren Traumschlössern und Schatzinseln wirkliche Schätze. Nur Sie selbst haben davon nichts. Die Gedankenfischer werfen ihre Netze aus im weltweiten Gedankenmeer. Und eh Sie sich versehen sind Sie ihre Schatzinseln und Traumschlösser alle los. Nein, die sind nicht weg. Sie können sogar wieder da hinein. Nur jetzt müssen Sie dafür Eintritt bezahlen! Onkel Alzheimer oder »Großer Bruder«, wer fängt den dicksten Fisch?

Freibeuter der geistigen Weltmeere. Ach was waren das noch Zeiten, als Sie noch unbekümmert singen konnten: In meiner Badewanne bin ich Kapitän. Da war man noch vor allen Seeräubern, Gedankenfischern und bösen Onkeln sicher.

Der Krieg in Ihrem Kopf hat längst begonnen. Als ich das neulich einem guten Freund sagte, erklärte der mir voller Schrecken, dass er bisher völlig gedankenlos in dieser Angelegenheit war. Der hat natürlich nichts zu befürchten. Wer gedankenlos ist, bei dem ist ja nichts zu holen. Das konnte ich dem natürlich auch nicht sagen. Es ist schon eine heikle Sache. Um nicht zu sagen vertrackt.

Also, das geht mir jetzt nicht mehr aus dem Kopf. Ich meine, dass bei den Gedankenlosen nichts zu holen ist. Manch einer stellt sich ja absichtlich dumm. Der tut dann so, als ob er nichts wüsste. Für den »Großen Bruder« mag so jemand ja uninteressant sein, aber Mister Alzheimer? Ich frage mich bloß: Wenn man niemanden etwas sagt, woher weiß dann Herr Alzheimer, dass da was zu holen ist? Dagegen helfen keine Pillen.

Allmählich dämmert mir was. Mir scheint, dann sind die Dummen ja doch nicht dumm. Niemand kann sie berauben oder ihnen was anhaben. Denn das weiß ja heutzutage jeder: Gegen Dummheit ist kein Kraut gewachsen. Jetzt weiß ich gar nichts mehr. Vielleicht ist das auch besser so. Und wer ist dann am Ende der Blöde? Na ja, wir alle. Die Dummen sterben eben nicht aus!

Norbert Wickbolds Denkzettel No. 4

Halb leer oder halb voll ?

oder:
Mir geht' s doch
nicht schlecht!

Heilkunst und Farbenpracht©

Norbert Wickbolds
Denkzettel No. 4

Halb leer oder halb voll?

oder: Mir geht's doch nicht schlecht!

Manchmal habe ich den Eindruck, dass sich die babylonische Sprachverwirrung in unseren Tagen wiederholt. Das fängt schon an, wenn man einen Bekannten trifft und ihn nach seinem Befinden fragt. Meistens ist die Antwort: »Es geht mir gut!« Dann ist doch alles in Ordnung, denken Sie sich vielleicht. Was meinen Sie, wie es Ihrer Bekannten oder ihrem Bekannten dann wirklich geht? Sie brauchen nur ein bischen nachzufragen und schon kommen die Klagen.

Apropos Klagen. Wenn Sie zur Antwort bekommen: »Ich kann nicht klagen!«, wissen Sie dann mehr? Das ist so einer von den Sätzen, die ich meine, wenn ich von der modernen Sprachverwirrung rede. Sprache scheint inzwischen auch etwas mit Mathematik zu tun zu haben. Glauben Sie nicht? In der Mathematik gibt es z.B. die Regel: Plus mal Plus ist Plus, aber Minus mal Minus ist auch Plus. Wahrscheinlich hängt damit zusammen, dass manche Leute behaupten, man solle doch lieber positiv denken. Was ist daran aber positiv, wenn Sie zu hören kriegen: »Ich kann nicht klagen«? Klagen ist doch eher negativ. Und wenn man »*nicht*« sagt, ist das eine zusätzliche Verneinung. Und hier beginnt die mathematische Sprachlogik: Negativ mal negativ ist positiv. Wenn Ihr Bekannter Ihnen sagt, er könne nicht klagen, dann bedeutet dass schlicht und ergreifend: »Es geht mir rundweg gut.« Und wenn er Ihnen gegenüber zum Ausdruck bringen will, dass er Ihre Äußerungen gutheißt sagt er: »Nicht schlecht!« Um etwas besonders Positives zu beschreiben, muss man das Negative in seiner Negativität steigern, es also noch negativer machen. Dazu sagt man dann: »Gar nicht übel!« Gar nicht ist eine Steigerung vom schlichten »*nicht*« und »*übel*« ist die Steigerung vom einfach nur Schlechten. Wie drückt man dann aber Missfallen oder Abneigung aus? Das ist ganz einfach. Man muss – entgegen der mathematischen Regel: Plus mal Plus ist Plus – in den höchsten Tönen loben. Sie machen Ihrem Partner oder Ihrer Partnerin einen Vorschlag, wie Sie ein aktuelles Problem lösen wollen. Prompt hören Sie von Ihrer Freundin, bzw. Ihrem Freund: »Oh, ja toll!« Mit dieser Reaktion wissen Sie glasklar, dass Sie herausgefunden haben, wofür Sie mit Sicherheit keinerlei Unterstützung bekommen werden.

Wenn jedoch für negative Stimmungen oder Zustände etwas anderes Negatives gesagt wird, ist wirklich etwas Negatives gemeint. Wenn der Freund sagt, es ginge ihm dreckig, dann geht es ihm im wahrsten Sinne des Wortes schlecht bzw. nicht gut. Es kann durchaus auch so gemeint sein: »Kannst Du mir nicht mit ein paar Riesen aus der Patsche helfen?« Hier bedeutet das »*Nicht*«, dass Sie es nicht wagen sollten, Nein zu sagen. Das weist somit wieder auf eine doppelte Verneinung hin, die ja, wie wir gelernt haben, »*ja*« bedeutet. Wenn es dem Freund »*richtig dreckig*« geht, befindet er sich in einer fatalen Lage. Wenn es ihm später durch einen Glücksfall (z.B., dadurch, dass Sie ihm finanziell unter die Arme gegriffen haben) wieder gut geht, dann hat er richtig Schwein gehabt. Das Schwein, dass ja gewöhnlich dreckig ist, hat hier jedoch eine besonders positive Bedeutung. Das Schwein, waren in dem Falle Sie. Und wenn Ihr Freund Ihnen das geliehene Geld nicht zurückgibt, dann sind Sie ein armes Schwein, was sprachlich eindeutig positiv gemeint ist, aber in Wirklichkeit ist es dann für Sie wohl eher negativ, sprich: »Dumm gelaufen!« Anders verhält es sich, wenn jemand als »*Drecksau*« bezeichnet wird. Hier handelt es sich eindeutig um eine Beschimpfung für einen in höchstem Maße unreinen Zeitgenossen.

Im Gegensatz dazu, fühlt sich der als: »Kleiner Dreckspatz!« Benannte eher geschmeichelt. Während kleine Tiere im allgemeinen für Liebkosungen herangezogen werden, etwa: »Mein Mäuschen, mein Täubchen oder mein Häschen!«, handelt es sich bei den großen Tieren mehrheitlich um ausgewachsene Schimpfworte.

Die Besprechung des viel zitierten Schweinehundes würde den hier gegebenen Rahmen sprengen und wird deshalb an anderer Stelle nachgeholt. Nur soviel sei hier verraten, dass eine Verdopplung oder Präzisierung des tierischen Namens der Verstärkung der Beschimpfung dient. Als Beispiele seien hier der Hornochse und die Sumpfkuh genannt. Von jeder Regel gibt es Ausnahmen, und so kommen durchaus auch kleine Tiere als Schimpfworte ganz groß raus. Man denke hier an die Schmeißfliege oder den Mistkäfer. Aber das sind, wie gesagt, Ausnahmen. Als Ehrung kann der so Bedachte es betrachten, wenn sie (hiermit sind meist weibliche Personen gemeint) als Biene oder auch als fleißiges Bienchen, sowie wenn er (dies gilt im allgemeinen für männliche Personen) als flotter Käfer bezeichnet wird. Zu guter Letzt muss noch erwähnt werden, dass sogar große Tiere eine positive Bedeutung haben können, etwa der flotte Hirsch, der wilde Hengst oder das sanfte Rehlein.

Als ich jung war, fragte ich mich, ob es besser wäre, zu glauben, dass es mir gut geht oder zu wissen, wie schlecht es mir in Wirklichkeit geht. Und diese Leute gibt es durchaus auch, die sagen: »Mir geht es gar nicht gut.« Das kommt dann meist sehr verkniffen heraus. Klingt ähnlich wie: »Mir geht 's richtig dreckig.« Hier erwartet der Andere aber keine finanzielle Unterstützung, sondern möchte Ihr Mitleid erheischen. Wenn Sie Ihre Sache gut machen, gehen Sie auseinander und Ihrem Gesprächspartner geht es tatsächlich wieder besser. Dafür geht es jetzt Ihnen schlecht. Dann bleibt Ihnen nichts anderes übrig, als ihrerseits nach einem mitleidvoll dreinschauenden Menschen Ausschau zu halten und ihm Ihr Leid zu klagen. Wenn Sie Pech haben, geraten Sie womöglich an einen Zeitgenossen, der Ihr falsches Spiel durchschaut und Sie provokativ fragt: »Na, geht es Ihnen auch so schlecht?« Wenn Sie genügend Anstand haben – den haben Sie doch, oder? Also, wenn Sie genügend Anstand haben, werden Sie die Frage verneinen. Das bedeutet bekanntermaßen: »Mir geht 's nicht schlecht« , sprich: »Mir geht es gut!«

Ist Ihnen eben etwas aufgefallen? Ich hatte an meine Behauptung, das unscheinbare Wörtchen »*oder*« angefügt. Das hat es in sich, denn dadurch wurde die Behauptung zu einer unterschwelligen Verneinung. In solchen Fällen müssen Sie in der richtigen Weise antworten und nicht in die gestellte Falle tappen. Hier geht es darum, nicht erwartungsgemäß zu antworten, sondern den Verneinungscharakter geflissentlich zu ignorieren und sich für den erhaltenen Lob herzlich zu bedanken.

Bei allem, was Sie bisher gelernt haben, dürfte klar geworden sein, wie die Frage, ob ein zur Hälfte gefülltes Glas als halb voll oder als halb leer zu bezeichnen sei, zu beantworten ist. Oder? Ja, Sie haben wirklich etwas gelernt. Danke. Gut gemacht. Das Glas muss als halb leer bezeichnet werden. Hier hat das Wörtchen »*halb*« einen negativen Charakter. Halbe Sachen sind weniger Wert als ganze Sachen. Punkt. Und leer ist auch eine negative Bezeichnung. Hier tritt wieder die mathematische Regel in Kraft: Minus mal Minus ist Plus. Eine zweifache Verneinung ist eine volle Bejahung. Wohingegen ein halb volles Glas ja nur halb voll ist, also nur eine halbe Sache und somit etwas Negatives. Die Verfechter des positiven Denkens bräuchten ja nicht so geizig zu sein (das haben Sie natürlich sofort gemerkt, dass es sich durch die Kombination aus »*nicht*« und »*geizig*« um ein Beispiel meiner eindeutig positiven Denkweise handelt) und das Glas ganz voll einschenken, damit wir sie wirklich für voll nehmen können!

Und nun folgt noch die Lektion für Fortgeschrittene: Die Verwendung von Fremdwörtern. Hier bietet es sich an, eine Frage zu erörtern, die schon viele Gemüter erregt hat. Ist es besser ein Optimist zu sein oder ist der Pessimist die bessere Wahl? Urteilen Sie nicht zu schnell und bedenken Sie auch hier die Mathematik der Sprache. Die Vorsilbe »*Opti*« steht für Optimierung, ist also als positiv zu bewerten. Der Mist, der stinkt seit alters her zum Himmel, ist also eindeutig negativ. Mist ist Mist. Bei dem Wort Optimist überwiegt somit ganz klar der negative Charakter. Im Wort Pessimist erinnert die Silbe »*Pessi*« an ein Schimpfwort für einen Menschen, den man hasst, wie die Pest. Das Wort besteht somit aus einer doppelten Verneinung und zwar mit Hilfe sehr starker Begriffe. Daraus lässt sich ganz klar erkennen, dass der Pessimist ein besonders ehrenwerter Mensch sein muss!

Apropos Muss. Was tun Sie wenn Sie mal müssen? Na, Sie wissen schon. Es plagt Sie also das, was man als ein menschliches Bedürfnis bezeichnet. Auf der Suche nach einem stillen Örtchen stoßen Sie jedoch nur auf Hinweisschilder mit der warnenden Aufschrift: »Dies ist kein (kein dick unterstrichen) öffentliches Klo!« Obwohl es sich doch um eine dringende Angelegenheit handelt, wird deren Verrichtung vorsätzlich durch sprachliche Hürden erschwert. Darum ganz schnell: »*Kein*« ist negativ und »*Klo*« ist ein Vulgärwort, also ebenfalls negativ. »Nichts wie rein da!« »Dankeschön!« »Nichts für Ungut!«

Der Weg ist das Ziel

?

Versuch über den Irrtum

Heilkunst und Farbenpracht©

Norbert Wickbolds
Denkzettel No. 5

Der Weg ist das Ziel?

Versuch über den Irrtum

Die einen bezeichnen es als Fortschritt, die anderen als die größte Krankheit unserer Zeit. Ich meine, die allgemeine Ungeduld. Und auch ich bin davon nicht verschont geblieben. Alles muss immer schneller gehen. Am liebsten will ich schon da sein, wenn ich gerade erst losgegangen, losgefahren oder losgeflogen bin. Überflieger nennt man das wohl. Ich muss einem Ziel nach dem anderen nachrennen. Kaum angekommen, muss ich wieder weiter. Immer ohne Rast und Ruh. Auf welche Weise ich meine vielen Ziele erreiche, das ist letztlich völlig egal. Welchen Weg ich gehe, ist im Grunde genommen bedeutungslos; die Hauptsache ist, dass ich möglichst schnell ankomme. Erst, wenn ich weiß, dass ich den gleichen Weg mehrmals gehen muss, merke ich mir, wo ich lang gehe. Hauptsache, der eingeschlagene Weg führt zum schnellen Erfolg. Zielorientiert oder zielführend nennt man das fachmännisch. Für die Landschaft, durch die ich gerade fahre, habe ich keinen Blick. Zur größten Geduldsprobe wird es, wenn es nicht weitergeht. Wenn ich mit dem Auto im Stau steckenbleibe. Oder wenn der Vordermann nicht überholt werden kann. Am besten wäre es, gleich auf der Überholspur zu bleiben. Vorwärts, Vorwärts! Das ist der Rhythmus, bei dem jeder mit muss. Manchmal glaube ich, dass da so manches gehörig aus dem Takt gelaufen ist. Allmählich fange ich an, darüber nachzudenken. Wenn mich die Kollegen dann drängen, die Arbeit sollte eigentlich schon gestern fertig sein, dann versuche ich innezuhalten und sage nur: *»Eile mit Weile.«* Schließlich bin ich auf der Arbeit und nicht auf der Flucht! Aber das gelingt mir leider viel zu selten.

Deshalb ist für mich die schönste Zeit im Jahr die Urlaubszeit. Dann kann ich endlich tun und lassen, was ich will und muss keinen hehren Zielen nachstreben und keine Unmenge von lästigen Verpflichtungen abarbeiten. Endlich bin ich frei! Da lass ich mich auch gar nicht von ungeduldigen Zeitgenossen anstecken. Schließlich bin ich im Urlaub. Da habe ich Zeit! Ich kann ganz ungezwungen und völlig ziellos durch die wildfremde Gegend laufen. Einfach so. Ziellos, zeitlos glücklich. Einen Fuß vor den anderen setzen und mich an den Dingen erfreuen, an denen ich sonst achtlos vorbeigerannt wäre. Was mir da auf einmal alles über den Weg läuft. Toll. Einfach toll! Während ich mich im Staunen über Steine, Muscheln, Blumen und wilden Hunden verliere, denke ich voller Begeisterung, dass die Philosophen doch recht haben, wenn sie behaupten: *»Der Weg ist das Ziel«.*

Während ich das denke, befindet sich vor mir eine Weggabelung. Genau genommen ist es nur ein kleiner Pfad, der vom Hauptweg abzweigt. Ohne zu zögern begebe ich mich erwartungsvoll auf diesen Pfad. Es ist doch langweilig immer nur auf den ausgetretenen Wegen mit der Masse zu laufen! Nun ja, der Weg wird etwas holprig und unübersichtlich. Dafür werde ich belohnt durch die Begegnung mit einem bunten Vogel, den ich noch nie zuvor gesehen hatte. Und mit Blumen, die ich hier nie erwartet hätte. Und durch eine wildromantische Landschaft. Wie durch eine höhere Führung geleitet, gehe ich unbeirrt den Weg, den scheinbar, vor mir nur selten (wenn überhaupt) jemand beschritten hat. Die Hektik des Alltags habe ich hinter mir gelassen. Kaum noch Verkehr und Lärm. Auf einmal bin ich völlig allein. Allein mit mir selbst. Inmitten einer unberührten Natur. Ich befinde mich auf einer Anhöhe. Es ist eine grasbewachsene und baumlose Hügelkuppe, die mir einen freien Blick in alle Richtungen gewährt. Von dieser Warte aus kann ich voller Stolz auf das sinnlose Treiben der Menschen unter mir herabschauen. Das ist wahrhaftig ein schöner Platz. Ein erhabenes Gefühl durchströmt mich, als mir bewusst wird, dass ich genau diesen Weg gegangen bin, wodurch ich diesen Ort gefunden habe. Und das, obwohl ich ganz ohne Ziel losgegangen bin. Das Ziel ist eben gar nicht so wichtig. Das Ziel findet sich auch so. Ganz ohne Hast. Der Weg hat sich wahrhaftig gelohnt! Hier verweile ich gern.

Ich weiß nicht, wie lange ich da oben auf diesem abgelegenen Platz gewesen wäre, wenn es nicht plötzlich
angefangen hätte zu regnen. Jetzt aber schnell zurück!
Aber wo muss ich lang? So sehr ich mich auf dem
Hinweg darüber gefreut hatte, fernab von allen Zei-
chen der Zivilisation zu sein, jetzt wünschte ich mir
so sehr ein Hinweisschild zu finden. Ich habe nicht
die geringste Ahnung, wo es lang geht. Der Regen
will nicht nachlassen und von einem Unterschlupf
kann ich nur träumen. Ich will zurück ins Hotel. Und
zwar sofort! Völlig durchnässt stolpere ich durch Wald
und Feld. Jeder Weg, den ich einschlage, erweist sich
als Irrweg. Warum habe ich mir denn bloß nicht gemerkt, wie ich hierher gekommen war?
Jetzt geht mir alles Mögliche durch den Kopf. Von
wegen zielführend! In der Geometrie gibt es den
schlauen Satz, der besagt, dass es sich beim kürzesten
Weg zwischen zwei Punkten um eine Gerade handeln
müsse. Der kürzeste Weg war das hier bestimmt nicht!
Bei den vielen Umwegen. Auch dazu fällt mir was ein:
»Umwege erhöhen die Ortskenntnisse.« Was soll ich in
dieser Situation damit anfangen? Ich will doch nicht
das ganze Gebiet hier kartographieren. Falsche Wege
hab' ich genug ausprobiert. Keiner von ihnen führte
zum Ziel. Alle waren irgendwie Sackgassen. Entweder es ging gar nicht weiter oder die schmalen Pfade

führten vollkommen ins Abseits. Einmal ging es ein gutes Stück voran und dann stand ich plötzlich am Abgrund. Ich will endlich den *richtigen* Weg finden!

Dann kommt mir in den Sinn, was unsere Bundeskanzlerin immer sagt, wenn sie nach endlosen und scheinbar auch ergebnislosen Verhandlungen aus einer geheimen Sitzung wieder an die Öffentlichkeit tritt: »*Wir sind auf einem guten Weg!*« Was ist damit denn ausgesagt? Ist das Ausdruck ihrer positiven Denkweise oder ist das eine Möglichkeit, zu vertuschen, dass man keine Ahnung hat, wo es lang geht? Jeder Irrweg wird einfach zu einem »guten« Weg erklärt. Und überhaupt, haben Sie schon mal erlebt, dass Politiker sich geirrt haben oder einen Fehler machen? Das ist immer nur die Opposition, die das so sieht. Wer einmal in Politik und Wirtschaft die Führung hat, der – oder die – ist absolut unfehlbar. Fehler machen immer nur die anderen. Die gewöhnlichen Leute. So wie ich. Oder wie Sie.

Mein Hinweg war ja durchaus ein guter Weg. Da hatte ich noch kein Ziel. So durchnässt wie ich inzwischen bin, will ich endlich zuhause ankommen. Und dieser blöde Spruch: »*Der Weg ist das Ziel*«, ist eben nur was für Freizeitphilosophen, die nichts vom wahren Leben verstehen! Sie sagen uns nicht auf welchem Weg wir gleichzeitig auch am Ziel sind. So ein Quatsch!

Da könnte ich genauso gut sagen: *»Der Koch ist das Essen«*. Haha. Vielleicht *»Der Koch isst das Essen.«* Von wegen Essen. Hunger hab' ich! Aber da ist wirklich nicht dran zu denken, solange ich in dieser trostlosen Gegend umherirre. Nun ja, vielleicht müsste es ja auch heißen: *»Der Weg isst das Ziel.«* Oder vielleicht auch: *»Das Ziel isst den Weg?«* In dem Film: Alice im Wunderland, kommt ein seltsames Tier daher, das mit seinem Schwanz den Weg wegfegt. Zurück bleibt eine undefinierbare Leere – in der Landschaft und in ihrem Herzen. Da wird der Weg nicht gegessen, sondern weggeputzt, was ja manchmal auf das Gleiche hinausläuft. Einen Moment mal! Irgendwie kommt mir das hier bekannt vor. Ja genau! Da ist der abgebrochene Ast und da drüben sieht man den Kirchturm. Und hier ist die Weggabelung. Warum fällt mir jetzt gerade das Gedicht vom Christian Morgenstern ein?

> *»Wer vom Ziel nichts weiß,*
> *kann den Weg nicht haben,*
> *wird im selben Kreis*
> *all sein Leben traben.«*

Jetzt habe ich doch ein Ziel. Ich will zurück ins Hotel! Ich werde doch wohl nicht die ganze Zeit im Kreis gelaufen sein? Oder bin ich auf dem Hinweg schon mal

hier lang gekommen? Hab' ich mich jetzt total ver-
laufen? Aber was hat das mit meinem Leben zu tun?
Spontan denke ich an einen Zeichentrickfilm, in dem
jemand mit seinem Auto durch lauter Autobahnkno-
ten und Autobahnschleifen gefahren ist, bis er gar
nicht mehr herausfinden konnte. Dann hatte er sein
Auto einfach abgestellt und eine Würstchenbude auf-
gemacht. Schließlich gab es viele andere Autofahrer,
die sich an der gleichen Stelle verirrten. Woher der
so schnell die Bude und die Würstchen geholt hatte,
wurde allerdings in dem Film nicht verraten.
Ich hoffe, dass ich den Rest meines Lebens nicht an
diesem Abzweiger verbringen muss. Allmählich dämmert mir was. Wenn ich die Sache genau betrachte,
dann bin ich noch gar nicht im Urlaub. Ich hab' mich
genau, wie sonst im Job, ganz und gar verrannt. Aber
damit kenne ich mich doch bestens aus. Also jetzt finde ich hier doch einen Hinweis:

»Den Irrgarten im Kopf hast du dir selbst kreiert,
das wandeln auf Irrwegen hat dich selbst kuriert.
Du braucht dich nur mit deinem Selbst verbinden,
dann wirst du bald schon den richtigen Ausweg finden.«

Ich möchte bloß mal wissen, welcher Schlauberger
das hier angebracht hat!

Zeig Mir Dein Wahres Gesicht!

oder:
Ich kann auch anders!

Heilkunst und Farbenpracht©

Norbert Wickbolds
Denkzettel No. 6

Zeig mir dein wahres Gesicht!
oder: Ich kann auch anders!

Früher hatte ich ja geglaubt, dass jeder Mensch einmalig sei. Ich meine das jetzt weder moralisch noch als wertendes »Gut-sein«, also im Sinne von »Mutti ist die Beste« oder »Du bist der größte Schatz der Welt«. Mir geht es um keine qualitative, sondern um die rein quantitative Einmaligkeit. Dass also jeder Mensch lediglich ein einziges Mal vorkommt. Dennoch ist es mir zweimal passiert, dass Leute mich für jemand anderen gehalten haben. Sie meinten, ich müsse wohl einen Doppelgänger haben. Jemand, der nur so aussieht wie ich, aber doch jemand anders ist. Begegnet bin ich jedenfalls nie diesem Doppelgänger. Wahrscheinlich hätte man sofort gesehen, dass wir uns zwar sehr ähneln, aber doch verschieden aussehen. Auf der ganzen Welt gibt es schließlich Niemanden zweimal. Und was für den ganzen Menschen gilt, das muss doch eigentlich auch für seine Bestandteile oder besser gesagt, seine Körperteile gelten. Zugegeben, ob es noch einmal Jemanden gibt, der die gleiche linke Kniescheibe hat, die gleiche Behaarung in der Achselhöhle oder den gleichen großen Zeh, lässt sich wohl nicht mit Sicherheit feststellen. Immerhin ist es ja weltweit amtlich, dass der Fingerabdruck unverwechselbar nur eine bestimmte Person ausweist. Dennoch findet man in den Ausweisen nicht etwa den Fingerabdruck, sondern ein Foto der betreffenden Person. Nein, kein

Foto vom Daumen. Zum ganz individuellen Ausweis gehört natürlich ein Foto vom Gesicht. Schließlich ist der individuellste Ausdruck einer Person sein Konterfei, eben sein Gesicht. Beim Gesicht handelt es sich ebenso um ein amtlich bestätigtest, unverwechselbares Merkmal. Aber hat jeder Mensch wirklich nur *ein* Gesicht? Sicher, die Frage klingt irgendwie komisch. Ich wäre ja auch gar nicht auf die Idee gekommen, darüber nachzudenken, aber mich haben die Äußerungen von manchen Zeitgenossen einfach verwundert.

Da wird zum einen von bestimmten Menschen – meist hinter vorgehaltener Hand – behauptet, sie hätten das *»zweite Gesicht.«* Nun ja, das Menschen die zweiten, ja sogar die dritten Zähne bekommen, ist ja durchaus keine Besonderheit. Aber ein zweites Gesicht? Hier geht es durchaus nicht darum, dass jemand sich einer Schönheitsoperation unterzogen hat oder dass ihm unter Umständen, die nur wenigen vergönnt sind, ein zweites Gesicht gewachsen ist. Das zweite Gesicht hat dem Volksmunde nach jemand, der die Fähigkeit zu übersinnlichen Wahrnehmungen entwickelt hat. Solche Menschen sollen z.B. zukünftige Ereignisse vorhersehen oder Botschaften von Geistwesen empfangen können. Das mit dem zweiten Gesicht ist also nicht körperlich, sondern rein sinnlich, oder besser gesagt, übersinnlich gemeint.

Mal unter Freunden: Bist Du immer der, der Du bist, oder bist Du manchmal jemand anders? Also zeigst Du der Welt immer das gleiche Gesicht? Nein, ich will Dich durchaus nicht ärgern. Es ist nur, weil mir die folgende Sache ein ziemliches Kopfzerbrechen bereitet: Ich treffe immer wieder Menschen, die wirklich jemanden zu kennen scheinen, der noch ein anderes Gesicht hat. Das behaupten sie jedenfalls. Darüber sind sie durchaus nicht erfreut. Der angeklagte Mensch zeigt demnach erst dann dieses andere Gesicht, nachdem er schon einige Zeit bekannt ist oder besser gesagt, man glaubte ihn zu kennen. Und die, die jetzt so verärgert über diesen Menschen reden, glaubten zum Beispiel bisher, dass jener unentwegt freundlich, nett und gut gelaunt sei. Nun müssen sie feststellen, dass dieser Unmut erregende Mensch durchaus auch unfreundlich und vielleicht sogar richtig gehässig sein kann. Sie hätten es durchaus wissen können, aber sie wollten es nicht wissen. Derart desillusioniert behaupten sie nun: *»Jetzt zeigt er sein wahres Gesicht!«* Alle Gemeinheiten, die in ihren Köpfen herumgeistern sind nunmehr zum kennzeichnenden Charakterzug des Beschimpften geworden. Und das klingt dann ziemlich gehässig. Aber das habe sich dann dieser Schwindler schließlich selbst zuzuschreiben. Mir drängt sich sofort die Frage auf: Hatte denn dieser Mensch zuvor ein »*unwahres*« Gesicht? Der da so schimpft, hatte offenbar das »*unwahre*« Gesicht für das »*wahre*« Gesicht gehalten. Dennoch glaubte er, der Fehler liege nicht bei ihm, der sich selbst getäuscht hat, sondern beim anderen, weil der ihn getäuscht hat. Und zwar absichtlich und mit hinterlistiger Berechnung!

Ich frage mich: Wenn diese Menschen, von denen es eine ganze Menge zu geben scheint, verschiedene Gesichter haben, die sie auf geheimnisvolle Weise austauschen können, habe ich selbst dann womöglich auch nicht nur ein, sondern mehrere auswechselbare Gesichter? Vielleicht ändere ich ja auch mein Aussehen ohne es selbst überhaupt zu merken! Schließlich schaue ich ja nicht permanent in den Spiegel. Bei anderen habe ich jedenfalls noch nie beobachtet, wie diese ihr Gesicht ausgetauscht hätten. Außer vielleicht im Zirkus, im Theater oder natürlich beim Maskenball. Da macht das ja auch richtig Spaß, wenn man seine Freunde oder wen auch immer, ärgern kann, ohne erkannt zu werden.
Jedenfalls sind diejenigen, die sich empört über die Wandlungsfähigkeit eines üblicherweise Abwesenden äußern, meistens selbst von ihrer eigenen Beständigkeit (zumindest soweit es ihr Gesicht betrifft) über-

zeugt. Vielleicht resultiert ihr Ärger eigentlich aus einem Missverständnis. Ich habe den Eindruck, sie glauben, sie müssten immer derselbe sein und können es deshalb anderen auch nicht zugestehen, dass sich diese verändern. Wahrscheinlich erfüllt es sie mit Stolz, wenn andere von ihnen reden und sagen: *»So kennt man ihn!«* Das hat die Menschen schon oft beschäftigt, wie es wäre, immer das gleiche Gesicht zu haben, sich nie zu verändern und niemals älter zu werden. Oskar Wilde hat das in seinem Roman: *»Das Bildnis des Dorian Gray«* beschrieben. Da war es genau umgekehrt, wie üblich. Nur Dorian konnte sehen, wie sich sein Aussehen veränderte. Für die anderen Menschen blieb er immer so schön, wie er einmal war. Im Gegensatz zu Romanfiguren unterliegen die meisten Menschen jedoch Veränderungen, die sie nur im geringen Maße beeinflussen können. Dennoch glauben viele Menschen, sie müssten – und könnten es auch – die Veränderung ihrer äußeren Erscheinung den anderen gegenüber verbergen. Wenn sie sich jedoch selbst im Spiegel sehen könnten, und sähen, wie sich ihr eigenes Aussehen und somit ihr ganzes Gesicht verändert, während sie über Menschen schimpfen, die nunmehr ihr wahres Gesicht zeigen, müssten sie eigentlich ihr hartes Urteil ändern. Und sie müssten erkennen, dass sie selbst es nicht schaffen, immerzu von sich das Bild abzugeben, was sie selbst von sich haben. Man spricht ja auch davon, dass jemand sein Gesicht verliert, wenn er nicht mehr verbergen kann, dass er ganz und gar nicht das ist, was er bisher vorgab zu sein. Der Kummer sagt man, stehe ihm im Gesicht geschrieben.

Das mit dem wahren oder unwahren Gesicht ist wohl eher emotional oder moralisch zu verstehen. Genaugenommen handelt es sich dabei nicht um andere Körperteile, sondern um andere Seelenanteile oder verschiedene Anteile der Persönlichkeit.

Und hat der mit dem plötzlich in Erscheinung getretenen *»wahren Gesicht«* vielleicht außerdem noch andere, ungeahnte Gesichter? Gesichter, die er uns noch nie gezeigt hat? Von mir wollen die Freunde und Bekannte doch auch nur gewisse Seiten sehen. Eben das, was ihrem eigenen Denken gemäß ist. Sie behaupten immer wieder, dass ich niemals laut sein und schimpfen könnte. Lange Zeit habe ich wirklich versucht, ihren Vorstellungen von mir zu entsprechen. Lange Zeit habe ich mir nur meinen Teil gedacht und mir nichts anmerken lassen. Aber irgendwann geht das nicht mehr. Dann kommt der Zeitpunkt, an dem ich diesen Menschen zeigen muss, dass ich nicht nur lieb und pflegeleicht bin. Dann zeige ich ihnen mit geballter Kraft: *»Ich kann auch anders!«*

Ich war manchmal selbst darüber verwundert, dass ich auch ein solches Gesicht habe. Inzwischen weiß ich: ich habe viele Gesichter. Keines davon ist wahrer oder unwahrer als irgendein anderes von ihnen. Erst, wer sie alle zusammen sieht, der sieht mein »wahres Gesicht.« Auf diese Weise sehe ich Freunde und Feinde im anderen Licht. Doch immer gelingt mir das nicht. Bei allem hier angesprochenen handelt es sich offenbar nur um unterschiedliche Formen des Sehens:

Das »zweite Gesicht« hat jemand, der etwas sieht, was nicht da ist – zumindest für die meisten.

Das »wahre Gesicht« sieht jemand, der vorher nicht alles sah und nun glaubt, dass er zuvor nur das »unwahre Gesicht« gesehen hatte.

Wer »viele Gesichter« hat, von dem kann man sehr viele »wahre Gesichter« sehen. Man sieht nie ein »unwahres Gesicht«, sondern immer mal wieder ein anderes.

Von einem, der sein »Gesicht verloren hat«, sieht man nunmehr sein »wahres Gesicht«, weil er es nicht mehr verbergen kann.

Wer »gesichtslos« ist, den sieht man nicht, weil er weder sein »wahres Gesicht« noch sein »unwahres Gesicht« preisgibt.

Wer »kopflos« umherläuft, sieht gar nichts mehr und der macht dann ein »dummes Gesicht.«

Schwein Sein oder Schwein haben?

Ist das wirklich die Frage?

Heilkunst und Farbenpracht©

Norbert Wickbolds
Denkzettel No. 7

Schwein sein oder Schwein haben?

Ist das wirklich die Frage?

Seit Darwin behaupten ja die Wissenschaftler, dass die Affen unsere nächsten Verwandten im Tierreich seien. Doch stimmt das wirklich? Sind wir wirklich nur die haarlosen Affen, als die man uns gerne bezeichnet? Haben wir nicht ganz andere Verwandte im Tierreich? Ich glaube eher, dass uns viel mehr mit den Schweinen verbindet. Mit den Hausschweinen – versteht sich! Haben doch die rosa Schweinchen fast die gleiche Hautfarbe – zumindest wie die weißen – Menschen. Und es gibt auch schwarze, gescheckte oder sogar gestreifte Schweine. Bei den Menschen kommt »gestreift« normalerweise nicht vor, aber wenn jemand etwas angestellt, also eine große Schweinerei gemacht hat, muss er als Sträfling hinter Gittern. Er bekommt einen gestreiften Anzug verpasst, der, ob er es will oder nicht, zu seiner zweiten Haut wird. Die Schweine, also die Tiere, müssen die meiste Zeit ihres Lebens im Schweinestall verbringen. Was haben die eigentlich angestellt? Schweine sind die einzigen Tiere die, genau wie die Menschen, einen Sonnenbrand bekommen können. Wenn sich dann beim Menschen nach einem kräftigen Sonnenbrand die Haut teilweise schält, sieht er wirklich aus, wie ein gescheckles Schweinchen. Und bei jeder Berührung fängt er tatsächlich an zu quieken.

Aus dem Leben der Menschen sind die Schweine einfach nicht wegzudenken. Man denke nur an das Sparschwein, das hilft uns – vorausgesetzt, es gelingt uns, unseren inneren Schweinehund im Zaum zu halten – all unsere Talerchen zusammen zu halten. Oder an das Glücksschwein, dass uns treu an jedem Neujahrstag ein glückliches Jahr bescheren will. Ja auch als Orakel dienen uns Menschen die Schweine. Bei Vorhaben mit ungewissem Ausgang befragt man die Schweine: Wenn 's gut gelaufen ist, hat man Schwein gehabt und wenn 's schlecht läuft, ist es, je nach Grad, eine kleine oder womöglich eine riesige Schweinerei. Ich finde es aber unfair, dass die Schweine immer ihren Schinken hinhalten müssen, egal was wir Menschen auch anstellen. Es ist einfach eine riesige Schweinerei, wie die Menschen all ihre Schlechtigkeiten in diese Tiere packen, um sie dann durch den Verzehr des Schweinefleisches wieder zu verinnerlichen. Und dafür müssen die armen Schweine dran glauben. Manchmal habe ich den Eindruck, dass Menschen, die sehr viel Schweinefleisch essen, selbst mit der Zeit den Schweinen immer ähnlicher werden. Und zwar nicht nur optisch sondern auch akustisch. Sie bekommen nicht nur Speckschwarten und eine Schweineschnauze, sondern sie können auch bald nicht mehr essen, ohne dabei laut zu grunzen.

Hier zeigt sich die ganze Tragik im Verhältnis des Menschen zum Schwein: Alle wollen Schwein haben, aber Schwein sein will niemand! Doch wie viele Menschen benehmen sich wirklich wie die Schweine? Sich wie ein Schwein benehmen oder eben ein Schwein sein deutet auf einen schlechten Charakter hin. Es bedeutet: Rücksichtslosigkeit, Achtlosigkeit, Maßlosigkeit. Aufgrund der Freude, die es Schweinen bereitet, sich im Matsch und in Drecklöchern zu suhlen, nennt man einen solchen Zeitgenossen unter den Menschen nicht nur ein Dreckschwein, sondern man beschimpft ihn auch als dreckiges »A----loch.« Wenn auch die Bedeutung des hier gemeinten Organs für das Wohlergehen des ganzen Menschen nicht unterschätzt werden darf, so wollen wir doch lieber Abstand halten von solchen Bezeichnungen, die nur diejenigen benutzen, die neben dem Verhalten, auch weitgehend die Sprache der Dreckschweine übernommen haben.
Und dann gibt es die vielen Menschen, die, bei allem, was sie tun, sauber bleiben wollen. Sie dulden keine Schweinerei. Nicht mal kleine Ferkeleien. Nichts. Immer schön sauber bleiben. Dennoch kommt bei ihnen an jedem Sonntag ein deftiger Schweinebraten auf den Tisch. Mit viel brauner Bratensoße! Darin darf sich das Schweinefleisch richtig suhlen. Ansonsten wollen sie mit Schweinen nichts zu tun haben. Ihr

größter Wunsch ist es bestenfalls zum Glückschwein zu werden. Auch wenn sie vielleicht nichteinmal ein Sparschwein besitzen, träumen sie von Reisen in ferne Länder, wie zum Beispiel von einem Badeurlaub in der Schweinebucht. Ihre Wohnung sieht nun wirklich nicht wie ein Schweinestall aus. Da gibt es nirgends Unordnung oder Dreck. Selbst ein oben erwähntes Organ scheinen diese Menschen nicht zu haben. Nur der Rest von der Bratensoße wird ins Klo geschüttet. Manchmal führt das jedoch zu einer Verstopfung. Das ist ihnen peinlich, wenn die ganze zurückgehaltene Soße wieder zum Vorschein kommt. Damit das nicht all zu häufig vorkommt, müssen diese Leute von Zeit zu Zeit – heimlich, versteht sich – mal so richtig die Sau raus lassen. Zum Beispiel im Urlaub. Dann wird ein drauf gemacht, bis die Schwarte kracht. Dann suhlen sie sich in Schnaps und Bier. Dann darf es von den Ferkeleien ruhig ein bisschen mehr sein. Wenn da später kein Ferkelchen bei rauskommt, und niemand was davon gemerkt hat, dann haben sie richtig Schwein gehabt. Wer das nicht ab und zu mal mitgemacht hat, der ist eben eine arme Sau. Darüber muss niemand die Nase rümpfen. Schließlich ist das alles menschlich. Nun muss ich zunächst noch etwas klarstellen. Es könnte nämlich der Eindruck entstehen, dass es bei den Schweinen nicht ordentlich zuginge. So ist das durchaus nicht. Auch unter Schweinen gibt es – genau wie unter Menschen – klare Regeln. Und die heißen: Entweder du hast die Schnauze vorn oder du musst deinen Ringelschwanz (auch wenn Menschen natürlich keinen Ringelschwanz haben) einklemmen und sehen, wie du da durch kommst. Ansonsten herrscht weitgehende Freiheit. Da sich bekanntermaßen die deutsche Eiche nicht daran stört, wenn sich eine Sau an ihr kratzt, interessiert sich auch keine Sau dafür, was du im Einzelnen treibst.

Bei soviel Ungezwungenheit im Umgang miteinander kann natürlich schon mal was daneben gehen. Man kann dem Borstenvieh aber auch nicht alles in die Schuhe schieben. Nicht alles, was bei den Menschen schief läuft, muss gleich eine Schweinerei sein. Dennoch kann man natürlich nicht alles mit sich machen lassen. Und wem etwa ein Geschäft angeboten wird, bei dem der Eindruck entsteht, dass das auf eine Sauerei hinaus läuft, der ruft empört aus: *»Du bist wohl nicht ganz sauber!«* Damit dürfte sich das Ansinnen dieses zwielichtigen Zeitgenossen erledigt haben. Wer sich dann doch darauf einlässt, der hat wohl bald selbst Dreck am Stecken, bzw. an den Haxen.

Manchmal entsteht der Eindruck, dass die größten Schweine diejenigen sind, die – koste es, was es wolle – ihre Ziele rücksichtslos durchsetzen. Und wenn auch die anderen quieken, diejenigen, die die größte Schnauze haben, setzen sich überall durch. Es kommt aber auch vor, dass zwei, meist männliche Exemplare – Keiler genannt – aufeinander treffen, von denen jeder glaubt, die größte Schnauze zu haben. Dann kann es zu einer Keilerei kommen, bei der der Unterlegene schließlich den kürzeren zieht und lieber im Schweinsgalopp das Weite sucht.

Diejenigen – in diesem Fall bei den Menschen – die stets versucht haben sauber durchs Leben zu kommen, aber immer den Schwanz einklemmen und ihren Schinken hinhalten müssen, gewinnen in ihrer Verbitterung mehr und mehr den Eindruck:

»Man muss Schwein sein in dieser Welt!«

Ich frage mich: Wollen wir das wirklich? Verwandeln wir dadurch nicht die menschliche Gesellschaft in eine Schweinezucht? Man denke nur, was menschliche Kultur hervor gebracht hat. Können Schweine überhaupt dichten? Auch wenn wir das nicht sicher sagen können, einen Shakespeare haben die sicher nicht hervor gebracht! Inzwischen gibt es ja Musik im Schweinestall. Aber sollen wir den Schweinen Shakespeare vorlesen? Das ist doch wohl wirklich *»Perlen vor die Säue.«* Es soll ja tatsächlich vorgekommen sein, dass ein Bauer eines seiner Schweine Hamlet getauft hat. Immerhin ist das nicht so geschmacklos wie der

Name Kotelett. Nun stelle man sich mal vor, wie dieses Hamlet-Schwein sich beim Schlachthof einen Schweineschädel besorgt und ihn davor bewahrt, zu Schweinskopfsülze verarbeitet zu werden. Zuhause angekommen in einer Inspiration ruft er bei dessen Anblick zu diesem sterblichen Überrest seines Artgenossen aus: »*Sein oder nicht sein!*« Da könnte er doch gleich die Frage stellen: »*Schwein oder nicht Schwein?*« Ist das wirklich eine Frage? Für Schweine wäre es durchaus eine Frage. Schließlich könnten sie ihrem Schicksal auf diese Weise durchaus entgehen. Wenn sie die Wahl hätten, zu Menschen zu werden, wäre das der Schlachtruf zu einer großen Schweinerevolution. Die Schweine würden alle zu Menschen werden.

Doch wir Menschen? Wollen wir wirklich das Schicksal der Schweine auf uns nehmen? Sollen wir uns als Menschen wirklich zurück entwickeln zu den fetten Vierbeinern? Gemästet im engen Schweinestall! Wie viele Menschen futtern sich einen richtigen Bauchspeck an, dass man meinen könnte, sie mästen sich selbst? Aber warum? Aus Solidarität mit den Schweinen? Oder stimmt das doch, was ein Philosoph schon vor Jahren behauptete: »*Man ist, was man isst!*« Was du auch tust und wie man dir kommt. Ich sage nur eins:

»*Schwein haben und Mensch bleiben!*«

Lügen und Lügen lassen!

Haben Lügen
wirklich kurze Beine?

Heilkunst und Farbenpracht©

Norbert Wickbolds
Denkzettel No. 8

Lügen und Lügen lassen!

Haben Lügen wirklich kurze Beine?

Also jetzt mal ganz ehrlich, sagen Sie immer die Wahrheit? Manchmal gibt es die eine oder andere Notlüge, oder? Hand aufs Herz und kräftig weiter gelogen?

Ein junger Mann hatte sich jedenfalls vorgenommen, ein Jahr lang nicht mehr zu lügen. Er glaubte tatsächlich, es ginge darum, immer die Wahrheit zu sagen. Und so sagte er jedem, was er über ihn dachte, weil er ja schließlich ehrlich sein wollte. Wenn er jemanden hässlich fand, sagte er: Ich finde dich hässlich. Wenn er fand, dass jemand schlecht gekleidet sei, sagte er es diesem Menschen auch. Zu seiner eigenen Verwunderung hatte er nach einiger Zeit nicht mehr, sondern weniger Freunde. Man nahm ihm seine Wahrheit übel. Doch dieser Schlauberger hatte sich selbst belogen. Denn das, was er seinen Freunden sagte, war nicht »die« Wahrheit, sondern lediglich das, was er selbst für die Wahrheit hielt, eben »seine« Wahrheit, seine persönliche Sicht der Dinge. Offenbar sahen seine Freunde etwas anderes als ihre Wahrheit an. Also, immer ehrlich sein, ist dann ja wohl auch nicht das Wahre! Es heißt zwar: *»Ehrlich währt am längsten.«* Seien Sie mal ehrlich, kümmern sich da viele Menschen drum? Wenn man genauer hinschaut, entdeckt man so manche Ungereimtheit. Mir scheint, es müsste eher heißen: *»Ehrlich wartet am längsten.«*

Für seine Lügengeschichten legendär ist ein anderer Herr: Der Baron Münchhausen. Er erzählt uns eine abenteuerliche Geschichte, in deren Verlauf er mit seinem Pferd in einen Sumpf geraten ist. Doch schließlich habe er sich aus dieser misslichen Lage selbst befreien können, indem er sich an seinem eigenen Kragen gepackt und sich selbst mitsamt seinem Pferd aus dem Sumpf gezogen habe. Es ist klar, dass es sich hierbei um eine Lügengeschichte handelt. Aber nicht nur, weil es nicht möglich ist, sich aus eigener Kraft selbst anzuheben.

So paradox es auch ist, diese Lügengeschichte beinhaltet im Grunde genommen mehr Wahrheit, als jede moralisch begründete Ehrlichkeit. Sie lehrt uns folgendes: Wer seine Welt auf Lügen baut, versinkt im selbst geschaffenen Sumpf, anstatt sich daraus zu befreien. Andersherum kann man sich in der Tat nur selbst aus diesem Lügensumpf befreien. Das kann allerdings nicht durch weiteres Lügen gelingen.

Für diejenigen, die nicht Münchhausen sind, heißt es: *»Wer einmal lügt, dem glaubt man nicht!«* Interessanterweise haben Lügen oder Nichtlügen mit Glauben oder Nichtglauben zu tun. Ganz naive Menschen – wie der erwähnte junge Mann – glauben, sie sollten am besten gar nicht lügen. Professionelle wissen ihre Lügen gezielt zu streuen und vor allem: wissen sie, dass die Lügen allumfassend sein müssen und der Lügner eine reine Weste, ein lupenreines Alibi vorweisen muss, damit er als vertrauenswürdig erscheint. Dann kommt es darauf an, dass die Leute gar nichts anderes mehr zu hören bekommen, als die absichtlich verbreiteten Lügen. Das muss dann perfekt inszeniert werden, damit gar keine Zweifel aufkommen. Oftmals wird das dann so nachhaltig als die absolute Wahrheit angesehen, dass ganze Völker dafür noch nach Jahrzehnten bereit sind in den Krieg zu ziehen, um diese, absolute Wahrheit zu verteidigen. Weil einst ein paar Leute viel Geld verdienen konnten, indem sie Menschen verschleppten und sie wie Dreck behandelten, glauben manche Eifrigen, dass sie jene Menschen noch heute wie Dreck behandeln müssten. Nichts ist so glaubwürdig, wie die Lüge. Und tatsächlich, wenn eine vor Gericht angeklagte Person ein perfektes Alibi hat und sich nach langer Zeit noch ganz genau an jedes Detail erinnern kann, ist der entscheidende Teil der Aussage höchstwahrscheinlich gelogen. Jede Lüge wird, wenn sie nur oft genug wiederholt wird, zur gesicherten Wahrheit. Das funktioniert tatsächlich durch das Bedürfnis des Menschen, an etwas zu glauben. Glauben Sie, dass alle Frauen Hexen, dass alle Kommunisten Verbrecher und dass alle Arbeitslose faul sind? Heutzutage werden keine Hexen mehr verfolgt. Niemand zwingt Sie heutzutage in jeder Frau eine Hexe zu sehen. Der Weltkommunismus scheint inzwischen besiegt. Mit den chinesischen Kommunisten kann man die besten Geschäfte machen, deshalb gelten sie heute nicht mehr als Verbrecher. Und vor den Arbeitslosen brauchen Sie sich auch nicht mehr zu fürchten: Aus denen ist nun wirklich nichts mehr raus zu holen. Wer sich heute noch von den Machenschaften der Hexen oder denen der Kommunisten bedroht glaubt, der ist eben von gestern. Heutzutage gilt so jemand als übler Lügner. Und so ist das mit vielen Ereignissen der Geschichte. In Zeiten akuter Gefahr, also dann, wenn diese Gefahr noch relativ klein und somit noch abwendbar wäre, da darf man nur den offiziell verbreiteten Lügen glauben schenken und auf gar keinen Fall die Wahrheit sagen. Wer das trotzdem tut, wird als übler Lügner beschimpft,bekämpft oder noch schlimmer behandelt. Wenn dann später das Geld geraubt, der Krieg geführt, das Volk gemordet worden ist und die Nutznießer dieser Angelegenheit sich und ihre Beute in Sicherheit gebracht haben oder schon gestorben sind, dann darf die Lüge als Lüge gelten. Wer dann trotzdem noch daran glaubt, muss mit den Strafen rechnen, die die Anstifter, zu eben dieser Lüge mit den verheerenden Folgen, verdient hätten. Wir wissen immer erst, dass etwas schlecht, falsch, böse oder ungesund ist, wenn wir den Fehler bis zum Schluss beibehalten haben und wir keine Möglichkeit haben, so weiter zu machen, wie bisher. Ein Raucher belügt sich so lange selbst, dass ihm das Rauchen gut tue, bis er mit Gewissheit weiß, dass er Lungenkrebs hat. Es wird solange fürs Vaterland gekämpft, bis das ganze Land zerstört und der letzte Soldat gefallen ist. Wir hätten es eigentlich besser wissen können. Und vor allen Dingen: Wir hätten es vorher wissen können. Ganz dreiste Lügner sagen anschießend sogar noch: *»Das hätten wir vorher wissen müssen!«* Vorher wolltet ihr das doch gar nicht wissen. Ihr wolltet euch belügen lassen! Ist es nicht schön sich belügen zu lassen? Ist es nicht schön, zu glauben, das sich die großen Probleme dadurch lösen lassen, dass man das Böse bekämpft, dass man die Schlechten beraubt oder unterdrückt? Ist es nicht schön, zu glauben, dass es Menschen gibt, die stets wissen, wo es lang geht und denen wir blindlings trauen können? Wie schnell sind wir bereit, unsere Verantwortung an selbst ernannte Führer aller Art abzutreten? Und das, obwohl wir selbst ja gar nichts vom großen Kuchen abbekommen. Für diejenigen, die sich dazu verführen ließen, für die verlogene Wahrheit zu kämpfen, hieß es schon vor hundert Jahren: Unten der Kugelregen, oben der Ordensegen.

Wir möchten so gerne glauben, dass die Lügen wahr wären. Vom Tellerwäscher zum Millionär! Wie viele Menschen arbeiten unermüdlich und für einen Hungerlohn, damit andere zu Millionären werden. Wir lassen uns von ihnen belügen, indem wir glauben, dass man mit Fleiß reich werden könne und liefern dafür unseren ganzen, schwer verdienten Reichtum bei ihnen ab. Sie selbst brauchen nichts weiter zu tun, als uns weiter zu belügen, um unsere Illusion vom großen Erfolg zu füttern. Lieber beschimpfen wir die Leute, die noch ärmer sind als wir, faul zu sein, als unsere Wahrheit zu hinterfragen. Doch nicht von denen, die sich auf unsere Kosten bereichern, fühlen wir uns betrogen. Wir wettern gegen diejenigen, die völlig leer ausgingen, weil wir uns von ihnen ausgenutzt wähnen. Stolz auf unsere Wahrheit verkünden wir: *»Ich bin doch nicht blöd!«* Und was ist, wenn… doch? Am verdächtigsten sollten uns die sein, die von sich behaupten, stets die Wahrheit zu sagen und gleichzeitig alle beschimpfen, die nicht bereit sind, ihre Lügen zu glauben, die größten Lügner zu sein. Manchmal sind die Lügner so resistent gegen die Wahrheit, dass sie sich immer mehr verstricken in ihren Lügengespinsten. Sie verfangen sich in ihrem eigenen Netz. Selbst die offensichtlichsten Tatsachen leugnen sie, bis auch ihr letzter Anhänger sie für verrückt hält.

Von wegen: »*Lügen haben kurze Beine!*« Heute wird mit Sicherheit viel mehr gelogen, als in früheren Zeiten. Und heute sind die Menschen nachweislich größer, als in der Vergangenheit. Sie haben sogar längere Beine bekommen, und das, obwohl sie noch mehr lügen! Dieser Spruch ist also auch eine Lüge! Gut zu wissen! Eine weitere Lüge ist es, wenn jemand im Nachhinein behauptet, er sei einem Irrtum aufgesessen. Denn schließlich hätte sich dieser Mensch doch besser informieren können, anstatt leichtgläubig den Verführungen der Lüge zu verfallen. Kaum zu glauben! Schuld haben immer nur die anderen. Wer bisher neben seiner Wahrheit keine andere dulden wollte und auch jetzt nicht bereit zum Umdenken ist, sagt lieber gleich: »*Dann kann man ja bald gar nichts mehr glauben!*«

Ehrlich gesagt, von der größten Lüge habe ich ja noch gar nicht gesprochen. Ich meine, dass uns andere nicht immer die Wahrheit sagen, wissen wir. Aber, trauen Sie sich selbst über den Weg? Sind Sie sich selbst gegenüber ehrlich? Oder belügen Sie sich und behaupten dann, andere wären dafür verantwortlich? Wer zwingt Sie, sich selbst zu belügen oder den Lügen anderer glauben zu schenken?

Nur Sie selbst.

Ungelogen!

Das Geld liegt auf der Straße...

man

muss nur

Jemanden finden,

der es für einen aufhebt!

Heilkunst und Farbenpracht©

Norbert Wickbolds
Denkzettel No. 9

Das Geld liegt auf der Straße...

man muss nur Jemanden finden,
der es für einen aufhebt!

Als ich ein kleiner Junge war, hatte ich mich darüber gewundert, dass manche Leute während sie gingen immer auf den Boden schauten. Und als mir jemand sagte, das Geld liege auf der Straße, da wusste ich warum. Ich glaubte das zumindest – damals. Mein Bruder hatte mir ganz stolz erzählt, dass er fünf Mark gefunden hatte. Fortan hatte ich auf Schritt und Tritt zum Boden geschaut. Die Leute glaubten ich wäre traurig, denn sie wussten nicht, dass ich ein Geldsucher war. Bis ich dann gegen einen Laternenpfahl lief und mir ordentlich den Kopf anstieß. Dann hab' ich das mit dem Geldsuchen erst einmal aufgegeben. Und später, als ich schon erwachsen war, hörte ich in einem Kaufhaus zufällig, wie ein Mann zu einem anderen sagte:

„Das Geld liegt auf der Straße. Man muss nur Jemanden finden, der es für einen aufhebt!" Der das sagte, war der Chef von dem Kaufhaus. Der hatte also seine Leute, die das Geld für ihn von der Straße aufhoben.
Ich hätte nur zu gerne gewusst, wo das Geld liegt, dass ihm die Leute ins Geschäft tragen. Es ist schon seltsam. Da sausen tagtäglich Tausende Menschen durch die Straßen und verlieren dabei alles Mögliche. Aber Geld verliert praktisch nie jemand. Manchmal findet man einen Glückspfennig – oder Glücks-Cent.

Und was von den Autobahnen im Verkehrsfunk alles an Fundsachen gemeldet wird: Bratpfannen, Matratzen, Tische, Stühle und manchmal sogar ein Kühlschrank. Nur Geld verlieren sie scheinbar nie. Oder nur ganz selten. Na, ja, wenn es tatsächlich eine Meldung gäbe, dass auf der und der Straße ein Geldkoffer läge, würde das sicherlich zu einem Verkehrschaos führen. Deshalb würde so was natürlich nie gemeldet. Die Tische und Stühle bleiben ja immer eine ganze Zeit da liegen, aber einen Geldkoffer würde sich die Autobahnpolizei gleich holen. Etwas Wertvolles wird zum Glück nur ganz selten verloren. Und wenn man wirklich einen großen Geldschein verlieren würde, dann wäre der eben weg. Den findet man nie wieder.

Doch manchmal gibt es tatsächlich auch Wunder. Und davon wird dann sogar im Radio berichtet: Einmal hatte eine alte Dame beim Direktor der örtlichen Müllabfuhr vorgesprochen. Sie hatte einen wertvollen Diamantring in eine Papiertüte getan und die sei, mitsamt dem Ring unglücklicherweise in den Müll gelangt und müsse hier auf der Mülldeponie gelandet sein. Um der Dame zu demonstrieren, wie aussichtslos es wäre, nach der Tüte mit dem Ring zu suchen, griff er wahllos in einen Müllberg neben sich, zeigte der Dame den Inhalt der Tüte und – da war ihr Ring!

Wie der Zufall es wollte, hatte ich gleich in den nächsten Tagen in einer Müllverbrennungsanlage zu arbeiten. Aber da gab es nur übel riechenden Müll. Ob da Geld verborgen war? Sollte ich in diesen riesigen Trog abtauchen und danach suchen? Nein!

Manchmal sind die Lösungen viel naheliegender als man denkt. Man muss eben nur die Augen aufhalten! So versuchte ich erneut mein Glück. Vielleicht liegt ja auch ein richtiger Glücksbrunnen auf meinem Weg. Da kann man viel Geld finden, denn da werfen die Leute Münzen rein, weil sie denken, das bringe ihnen Glück. Ein Glück für den, der es wieder herausfischt, dachte ich mir. Ich war als Vagabund, in den Abendstunden in einer fremden Stadt an einen derartigen Geldbrunnen angelangt. Meine Urlaubskasse war praktisch leer und so bediente ich mich nach Herzenslust. Doch ich kam nicht dazu, das Geld einzustecken. Die Taxifahrer schnappten mich und warfen mich mit samt Kleidung in den Brunnen. Das Geld war wieder weg und mir wurde kalt... Bald darauf stand ich halbnackt und tropfend auf dem Brunnenrand. Während ich mit meiner klatschnassen Kleidung kämpfte, fühlte ich mich wie ein armer Tropf und schimpfte aus Leibeskräften über die Ungerechtigkeit der Welt.

Der Plan war gründlich ins Wasser gefallen. Aus der Traum vom großen Geldsegen. Wäre auch zu schön gewesen. Die meisten Menschen, die ich kenne, gehen irgendeiner Arbeit nach, um Geld zu verdienen. Und wenn sie es endlich haben, geben sie es ganz schnell wieder aus. Im Nu ist es wieder weg und sie müssen wieder arbeiten, um erneut Geld zu verdienen, usw. Immer wieder, immer wieder. Und mir blieb auch nichts anderes übrig, als wieder arbeiten zu gehen. Tag für Tag. Woche für Woche, Jahr für Jahr der gleiche Trott. Mir blieb nur die Wahl zwischen armen Tropf und altem Trott.

Es gibt aber auch Menschen, die gehen nicht selbst arbeiten, sondern die schicken ihr Geld zum arbeiten – auf die Bank. Das hat zwei große Vorteile. Erstens: Je mehr sie ihr Geld arbeiten lassen, um so weniger müssen sie selbst arbeiten. Und Zweitens: je mehr ihr Geld arbeitet, um so mehr können sie davon ausgeben. Nur, in Wirklichkeit arbeitet das Geld eben gar nicht, sondern Menschen, wie zum Beispiel Sie – oder ich. Wir müssen arbeiten. Je mehr Sie und ich arbeiten, um so mehr behaupten diese anderen, ihr Geld hätte für sie gearbeitet. Und dann reden sie so geschäftig, als hätten sie selbst die schwere Arbeit geleistet.

Und dann gibt es Leute, die gar kein Geld und auch keine Arbeit haben. Die können weder selbst arbeiten, noch können sie ihr Geld arbeiten lassen. Und wenn es niemanden gibt, der ihnen Arbeit oder Geld gibt, dann landen diese Menschen auf der Straße. Die liegen dann wirklich wie Strandgut irgendwo am Straßenrand herum. Oder vor Bahnhöfen, in dreckigen Unterführungen, in Stadtgärten, in Parks, auf einer Parkbank oder auf irgendeinem Lüftungsaustritt und lassen sich von der heißen Abluft den Hintern wärmen. Manchmal spült ihnen die vorbeieilende Flut von Passanten tatsächlich etwas Geld in ihre Kasse. Wenn man diese Leute dann von der Straße weg arbeiten ließe und dadurch Geld verdienen würde, könnte man wirklich sagen: *„Das Geld liegt auf der Straße. Man muss nur Jemanden zu finden, der es für einen aufhebt!"* Das Problem ist eben nur, dass man diesen Menschen zunächst einmal Geld geben müsste, bevor sie überhaupt für einen arbeiten könnten.

Einem Mann ist das tatsächlich mal gelungen. Na ja, es war keine Straße, aber vom Boden hat er die Erde aufheben lassen. Die hat er ganz umsonst gekriegt. Er ließ die in Säcke abpacken und dann verkaufte er sie. Er war Gärtner und wusste, wie wichtig gute Erde für das Gedeihen der Blumen ist. Schließlich war das gute Blumenerde. Die Leute, die keinen Garten hatten konnten die gut gebrauchen – für ihre Zimmerpflanzen. Damit ihre Blumen gut gedeihen haben sie gerne ein paar Pfennig für die Erde ausgegeben und den schweren Sack nach Hause getragen.

Die Besitzer großer Erdbeerfelder lassen die Leute selbst ihre Erdbeeren sammeln. So sparen sie das Geld für die Erdbeerpflücker. Genauso geht das mit Sonnenblumen. Oder am Strand. Die Leute laufen den Strand ab und sammeln Muschelschalen und schöne Steine. Beim Verlassen des Strandes müssen sie die Muscheln und Steine nach Gewicht bezahlen und dürfen die dann behalten! Das gibt 's wohl noch nicht.

Ich hab' aber keinen Strand, kein Blumenfeld, keine Blumenerde... Kein Geld!

Das Geld liegt auf der Straße. Man muss nur jemanden finden, der es für einen aufhebt? Ich brauche endlich Hilfe von oben. Und zwar von ganz oben. Ich geh' in die Kirche zum Gottesdienst. Ich komme zwar etwas zu spät, denn die Predigt hat schon angefangen, doch der Pfarrer wirft mir von seiner Kanzel voller Eifer die Worte entgegen:" Suchet, so werdet ihr finden." Na endlich denke ich bei mir. Ich wusste es doch! So bestärkt werfe ich voller Zuversicht am Ausgang meine letzten Groschen in den Klingelbeutel.

Ich schwinge mich auf meinen alten Drahtesel und radle Richtung Heimat. Suchet, so werdet ihr finden. Während der Fahrt suche ich mit den Augen den ganzen Weg ab. Irgendwo muss doch was zu finden sein. Der Wind bläst mir kräftig ins Gesicht. Ich muss sehen, dass ich überhaupt vorwärts komme und nicht noch umfalle. Blätter wirbeln durch die Luft. Ich stell mir vor, dass das alles Geldscheine sind. Ja und tatsächlich: Kurz vor unserer Grundstücksgrenze leuchtet mir ein schöner Schein entgegen. Ja, ein Geldschein! Um genau zu sein, ein Fünfzig-Euro-Schein. Jetzt haut 's mich wirklich um. Ich fliege mit samt meiner Tasche auf den Sandweg. Wenigstens weich gelandet, dachte ich. Doch der Schein ist weg! Der Nachbarjunge kommt angerannt. Auf dem Boden der Tatsachen angekommen richte ich mich wieder auf. Als ich meine Tasche auf den Gepäckträger packen will, fällt mir der ganze Inhalt auf die Straße. Der Junge springt herbei und hilft mir, alles wieder einzupacken. Gerade will ich den Reißverschluss der Tasche zuziehen, da ruft der Junge: „Da ist noch was!" Er streckt mir den Fünfzig-Euro-Schein entgegen.

„Das Geld liegt auf der Straße. Man muss nur Jemanden finden, der es für einen aufhebt!" Ich hab' ihn gefunden! Mit einem Blick nach oben rufe ich: ***Danke!***

Wie züchtet man Schweinehunde

...ohne von ihnen gefressen zu werden?

Heilkunst und Farbenpracht©

Norbert Wickbolds
Denkzettel No. 10

Wie züchtet man Schweinehunde...
ohne von ihnen gefressen zu werden?

Hier möchte ich mich an ein Thema wagen, dass durchaus als heikel bezeichnet werden kann, obwohl es in aller Munde ist. Denn dieses Wesen, von dem hier die Rede sein soll, erfreut sich durchaus keiner großen, ich möchte eher sagen, gar keiner Beliebtheit. Wirklich gesehen hat ihn bisher wohl keiner, und dennoch kennt ihn jeder: den Schweinehund. Genau wie beim Ungeheuer von Loch Ness, sind viele Menschen von seiner Existenz felsenfest überzeugt und können dennoch keine handfesten Beweise beibringen. Wir müssen uns also vollständig auf die hierzu, allerdings reichlich, im Umlauf befindlichen Aussagen stützen. Demnach kommt der Schweinehund in zwei Formen vor. Man unterscheidet ihn in einen äußeren und einen inneren Schweinehund. Den äußeren Schweinehund bezeichnet man meist einfach als gemeinen Schweinehund. Obwohl scheinbar nur männliche Exemplare von ihnen existieren, erfreut sich der gemeine Schweinehund einer großen Verbreitung. Wir müssen vermuten, dass die Aufzucht im Verborgenen stattfindet. Erst die ausgewachsenen Schweinehunde lassen sich in freier Wildbahn beobachten. Hier sind es gerade – unter den Menschen, versteht sich – die Frauen, die für den Aufenthaltsort der Schweinehunde eine besondere Spürnase entwickelt haben. Da, wie gesagt, bisher ausschließlich männliche Spezies entdeckt wurden, ist es durchaus naheliegend, der derzeit vorherrschenden Sicht in der Schweinehundforschung zu folgen und einen Vergleich mit dem Paarungsverhalten gewisser Spinnenarten zu ziehen. Bei diesen Spinnen wird das, durch den Paarungsvorgang völlig entkräftete Männchen, zum Schluss kurzerhand vom Weibchen vernascht, sprich: Die Dame verspeist ihren Gatten mit Haut und Haaren. Hier offenbart sich möglicherweise die etymologische Herkunft der auch bei Menschen gebräuchlichen Redewendung: Ich hab' dich zum Fressen gern. Aber das nur am Rande. Dementsprechend würden bei den Schweinehunden die Weibchen vom Männchen gefressen. Das müsste dann aber zu einem späteren Zeitpunkt geschehen, sonst... sonst gäbe es ja überhaupt gar keine Schweinehunde. Die Aufzucht übernehmen offenbar noch die Weibchen, bevor sie von den männlichen Schweinehunden aufgefressen werden. Sollte sich dieser Verdacht erhärten, müsste das Verhalten der Schweinehunde – und hier in erster Linie der männlichen Schweinehunde – aus menschlicher Sicht schlichtweg als hundsgemein, oder besser gesagt, als hundsgemeine Schweinerei bezeichnet werden. Obwohl sich Menschen schon vor Jahrtausenden an die Zucht von Schweinen und Hunden gemacht haben, ist es unklar, weshalb sich bisher offenbar noch niemand an die Zucht von Schweinehunden gewagt hat. Unsere Vorfahren müssen von der Gefährlichkeit für die Züchter gewusst haben. Es ist anzunehmen, dass es dennoch in grauer Vorzeit Versuche der Schweinehundzucht gegeben hat. Schließlich handelt es sich ja beim Schweinehund um eine Kreuzung aus Schwein und Hund. Das Unternehmen muss völlig aus dem Ruder gelaufen und außer Kontrolle geraten sein. Hier stellt sich die Frage: »Wie züchtet man Schweinehunde, ohne von Ihnen gefressen zu werden?«

Wenn man den Romantikern unter den Schweinehundforschern folgt, kann es durchaus ganz anders gewesen sein: Eine Meute Hunde jagte ein Wildschwein durch den Wald. Das Schwein rannte um sein Leben, bis es derart entkräftet war, dass es sich einfach auf den Rücken legte und weder grunzte noch schnaufte. Die Hunde hielten die kluge Schweinedame für tot, verloren dass Interesse an ihr und zogen von dannen. Nur der Hund Romeo hatte bemerkt, dass noch Leben in dem Schweinchen war. Unbemerkt von den anderen kam er wieder zurück, denn er hatte sich verliebt in die hübsche Jungsau namens Julia. Schnell erwiderte sie ihrerseits die Liebe. Und so entstand bei dieser verbotenen Liebe im Tierreich bald darauf ein Jungrudel Schweinehunde, das ganz im Verborgenen aufwuchs. Seither sind die Schweinehunde sich selbst überlassen, was offenbar zu einer gewissen Verwilderung der Sitten geführt hat. Doch nie waren sie wirklich ihres Lebens sicher. Immer wieder mussten sie sich gegen die Hundebanden verteidigen. Besonders große Gefahr drohte immer dann, wenn die Schweinehundmännchen auf Jagd waren. Dann kamen die wilden Hundemeuten und fielen über die zurückgebliebenen Weibchen mit ihren Kindern her. Damit ist auch erklärt, woher der Ausspruch stammt: Den letzten beißen die Hunde. Traurige Realität ist dann wohl auch, dass die Schweinehundsbrut immer wieder vor die Hunde ging. Sollte sich diese Darstellung bewahrheiten, dann muss der Mythos von der Entstehung des Schweinehundes ganz neu geschrieben werden! Kritische Stimmen behaupten, die gemeinen Schweinehunde selbst hätten diesen Mythos in die Welt gesetzt, damit sie die eigene Gemeinheit den wilden Hundehorden in die Schuhe schieben, bzw. vor die Pfoten schmeißen, können.

Obwohl verwandt, liegt die Angelegenheit beim inneren Schweinehund wohl ganz anders. Der innere Schweinehund wird im Volksmund als gewöhnlicher Schweinehund bezeichnet. In der Tat: Wenn der gewöhnliche Schweinehund einmal da ist, haben wir uns schnell an seine ständige Präsenz gewöhnt. Auch hier liegen Aufzucht und Wachstum im Dunkeln. Der innere Schweinehund ist irgendwann einfach da und folgt der betreffenden Person, zu der er gekommen ist, stets auf den Fersen. Der gewöhnliche Schweinehund ist durchaus nicht ganz ungefährlich. Wo der Beute macht, plagen seinen Besitzer oftmals für lange Zeit – manchmal sogar zeitlebens – schwer heilende, tiefe Gewissensbisse.

Aufgrund ihres Namens ließe sich vermuten, dass die Schweinehunde etwa so aussehen: Hundekörper mit Schweineschnauze und Hundegebiß. Fell teils dunkel und struppig, teils rosa und borstig. Hinten Pfoten, vorne Klauen. Doch weit gefehlt. Die Schweinehunde bilden ein Musterbeispiel für eine, im Evolutionsprozess äußerst seltene Anpassungsfähigkeit. Von Haushunden sagt man, sie würden im Laufe der Zeit ihren Besitzern immer ähnlicher sehen. Diese Fähigkeit haben die Schweinehunde perfektioniert. Sie geben ein täuschend echtes Bild eines Menschen ab und können nur durch Kennergespür (das, wie erwähnt, besonders Frauen entwickelt haben) aufgespürt werden.

Was zeichnet also einen richtigen Schweinehund aus? Dem gemeinen Schweinehund wird eben seine Gemeinheit vorgeworfen. Die Menschen glauben, es lediglich mit einem gewöhnlichen Schweinehund zu tun zu haben. Der gemeine Schweinehund hatte, wie oben gesagt, eine schwierige Kindheit. Deshalb haben oft gerade Frauen Mitleid mit ihnen, bis sie … ihre egoistische und gemeine Seite an den Tag legen. Da kennen die dann keine Verwandten mehr. Sie beißen sich durch – auf Teufel komm raus. Frauen, die derartige Erfahrungen durchmachten, haben durch diese harte Schule ihr Gespür für Schweinehunde entwickelt. Die riechen so jemanden schon zehn Meilen gegen den Wind und haben von der Schweinehundzucht die Nase gestrichen voll.

Während sich die gemeinen Schweinehunde bei den Menschen ohne Rücksicht auf Verluste alles holen, was sie kriegen können, handelt es sich im Gegensatz dazu beim gewöhnlichen Schweinehund eher um einen gemütlichen Gesellen. Er ist eher um das Wohl seines Besitzers besorgt und rät von jeder Anstrengung ab. Für Neuigkeiten hat er auch nicht viel übrig. Am liebsten hätte er es, wenn alles so bliebe, wie es ist. Morgens rät er, den Wecker einfach zu überhören und weiter zu schlafen. Er sorgt dafür, dass alte Gewohnheiten, wenn sie auch noch so ungesund sind, weiter gepflegt werden. Es gibt Menschen, die sehen im inneren Schweinehund den Gegenspieler zum Schutzengel. Wenn sich der Schutzengel zu Wort meldet und sagt: »Trau dich nur, ich steh dir bei!«, dann rät der gewöhnliche Schweinehund, es lieber sein zu lassen. Besonders in der kalten Jahreszeit hat der innere Schweinehund viel zu tun. Da kommen so viele Menschen auf Ideen, die sie dann »Vorsätze« nennen. Dann setzt er den Menschen so lange mit seinen Gewissensbissen zu, bis sie von ihren Vorsätzen nichts mehr wissen wollen. Wer dem inneren Schweinehund gegenüber zu nachgiebig ist, züchtet sich dadurch ein ganzes Rudel von ihnen an. Die fallen dann bei jeder Gelegenheit über ihn her, mit all ihren »Totbeissargumenten« des Seinlassens, Schleifenlassens und Aussitzens. Wer es, wie ich, am liebsten schleifen lässt, mal Fünfe grad sein lassen, es eher ruhig angehen will, sprich, es so richtig gemütlich und bequem haben will, der schafft sich am besten ein großes Rudel Schweinehunde an. Der muss nur aufpassen, dass er es nie mit dem gemeinen Schweinehund zu tun bekommt. Denn dann sind sie alle weg: die gewöhnlichen Schweinehunde! Und man muss ganz alleine sehen, wie man mit dem gemeinen Schweinehund fertig wird. Und ob der Schutzengel, der ja nie groß aktiv werden musste, in dieser Situation noch helfen kann? Das bleibt abzuwarten.

Warten? Quatsch, nichts wie weg hier!

Und das mit der Schweinehundzucht kann machen wer will – ich jedenfalls nicht!

Inhalt

Norbert Wickbolds folgende Denkzettel

11. Sind wir von allen guten Geistern verlassen?
oder haben wir sie verlassen?

12. Wohlstand oder Wohlfahrt?
Heiligt der Zweck jedes Mittel?

13. Mobil oder Immobil? oder: Muss die Frage nach
Sein oder Haben neu gestellt werden?

14. Sozial ist, wenn 's ein andrer macht!
oder: Einer trage des anderen Last

15. Kunden wollt ihr ewig kaufen?
Wann habt ihr endlich genug?

16. Oma fährt im Hühnerstall Motorrad!
Wie man im Altersheim überlebt

17. Heiß oder Kalt?
Warum lässt Euch das alles kalt?

18. Jammern mit Niveau?
Wie komme ich aus dem Jammertal?

19. Dasein zwischen Hiersein und Wegsein
Sein oder Wegsein – Welch eine Frage?

20. Und ewig locken die Märkte
Wer kann Mammons Töchtern widerstehen?

21. Und wenn bei Lackaffen der Lack ab ist...
wird er dann zum nackten Affen?

22. Stell dir vor, es ist Jetzt und keiner geht hin!
Leben zwischen Nicht-mehr und Noch-nicht.

23. Klapperstorch trifft Klapperschlange
Kann das gut gehen?

24. So, so, du glaubst nur das, was du siehst...
und was ist mit dem Weihnachtsmann?

25. Über schwarze Löcher und weiße Riesen
Von Schwarzmalern und Weißmachern

Der Roman, der zur Quelle führt:

Die Wiederkehr der Morgenlandfahrer

Die Idee der Morgenlandfahrer Hermann Hesses wird hier wieder aufgegriffen und mit hochaktuellen Themen verknüpft: Auf der einen Seite steht eine gigantische, den Globus beherrschende Wirtschaftsmacht und ihr gegenüber befindet sich die entmachtete Gruppe der Vielen. Ein paar Wenige wagen es, um ihr Grundrecht auf sauberes Wasser zu kämpfen und bringen das Machtgefüge der Weltmacht an seine Grenzen.
Der Roman:

Die Wiederkehr der Morgenlandfahrer

gibt Hoffnung auf die Kraft von Einzelnen, die ihre innere Quelle gefunden haben. Hier geht es darum, seinem Stern zu folgen und daraus Kraft für die Bewältigung auch sehr schwieriger Aufgaben zu ziehen. Die Reise der Morgenlandfahrer ist eine Reise durch die innere Wüste seiner eigenen Seele. Es ist eine Reise zur inneren Quelle. Sieben Künste weisen den Weg dorthin. Jeder findet seinen eigenen Weg. Der Leser bekommt einen spannenden Roman vorgelegt, der Hoffnung machen will, dass auch eine globale Bedrohung überwindbar ist. Er kann sich ohne Weiteres in einer der Hauptfiguren wiederfinden und erhält somit schnell einen eigenen Bezug zu Thema und Inhalt des Romans. Und er kann sich auf seinen eigenen Weg zu seiner eigenen Quelle begeben!

Der Roman, der zur Quelle führt

336 Seiten **€ 18,50** (D) Tb

ISBN: 978-3-8495-9890-7 (Paperback)
       978-3-8495-9891-4 (Hardcover)
       978-3-8495-9892-1 (e-Book)

Der Ratgeber zum Thema Älter werden:

Wer weiß, wie wir mal werden?

Selbstentwicklung kreativ fürs Alter nutzen

Im Alter würdevoll Leben, möglichst ohne Leiden zu müssen, dass wünschen sich viele Menschen. Ist das möglich? Nach 20 Jahren Arbeit in der Altenpflege, behaupte ich: Ja!
Es ist möglich, wenn wir bereit sind, unser Leid anzunehmen. Dann können wir es wandeln. Mit Hilfe unserer Lebenserfahrung, der Kunst und verschiedener therapeutischer Ansätze können wir einen inneren Wandel vollziehen und den Abbau- und Sterbeprozess kreativ wandeln in einen Aufbau- und Integrationsprozess.
Das Buch vereint viele Beispiele aus der Praxis, der Kunst, der Dichtung und der Forschung und zeigt sieben Wege zum kreativen Altwerden auf.

Wer weiß, wie wir mal werden?

384 Seiten, mit vielen, teils farbigen Abbildungen

Paperback: **€ 24,49** (D)

Hardcover: **€ 30,80** (D)

e-Book: **€ 2,99** (D)

ISBN: 978-3-8495-9811-2 (Paperback)
978-3-8495-9812-9 (Hardcover)
978-3-8495-9813-6 (e-Book)

Die Seminare zu:

Wer weiß, wie wir mal werden?

Im Anschluss an eine Einführung lade ich dich ein, mit den hier beschriebenen sieben Wegen – und dem persönlicheren Du – in dir selbst die Seelenanteile zu entdecken, die dich befähigen, im Alter eine Persönlichkeit zu sein, die souverän und weise ihr Leben führt.

Sieben Wege zu deinem kreativen Altern

Einführung: *Dein Lebensschiff bis ins hohe Alter souverän steuern:*

1. Die Bilder deiner Seele sprechen lassen

   Deine Krisen bewältigen und deine Träume leben

2. Deine Biografie als Gestaltungsaufgabe

   Dich neu entdecken im Verwirklichen deiner Ziele

3. Dreh Dich nicht um! Deine Blockaden lösen

   Deinen eigenen Schritt im Tanz des Lebens finden

4. Auf künstlerischen Wegen
   deiner Weisheit entgegen

   *Im Wandel des Lebens
   deine eigene Form finden*

5. Empfangen der Würde im Alter

   *Dir Gegebenes und dir
   Gelungenes wertschätzen*

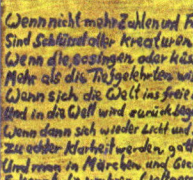

6. Mit Worten malen

   *Deinem Werden und Wandel
   eine Stimme geben*

7. Wer weiß, wie wir mal werden?

   *Die Teile deines Lebens
   zum Ganzen zusammenführen*

Nach der Einführung können die 7 Seminare zur
thematischen Vertiefung besucht werden. Zusam-
mengenommen fügen sie sich zu einer Ganzheit.

Die Gedichte und Gedanken:

Was seht ihr denn?
42 Gedichte und Gedanken

Wie viele Gedanken gehen uns durch den Kopf und ziehen
sehr schnell wieder weiter? Einige hinterlassen bleibende
Spuren, andere geraten bald wieder in Vergessenheit.
Neue Ereignisse und neue Gedanken verdrängen unsere
Gedanken von gestern.

*»Einmal inne zu halten! Dies alles von ferne nur zu betrachten.
Es aufzuschreiben, um die Gespenster, die in unseren Hirnen
spuken, zu vertreiben.«*

Hier sind sie versammelt:
42 Gedichte und Gedanken aus drei ereignisreichen Jahrzehnten, die tatsächlich in Worte festgehalten und nieder-
geschrieben wurden. Sie sind manchmal sehr persönlich oder
poetisch, mal politisch und manchmal eher philosophisch.

Format: 120 x 190 mm,
60 Seiten

Paperback: € **7,50** (D)

Hardcover: € **13,50** (D)

e-Book: € **2,99** (D)

ISBN:
978-3-7323-1126-2 (Paperback)
978-3-7323-1127-9 (Hardcover)
978-3-7323-1128-6 (e-Book)

Der Autor:
Norbert Wickbold

1973-1984 Lehr- und Gesellen-
      jahre als Elektriker,
      drei Semester Physik-
      Studium, UNI Bremen
1985-1989 Diplom-Studium in
      Kunsttherapie/Kunstpäda-
      gogik und freie Arbeit als
      Dozent für künstlerische und literarische Kurse
1994 Altenpflegeausbildung, Arbeit als Altenpfleger
2001 Fortbildung zur Gerontopsychiatrischen Fachkraft
2002 Abschlussarbeit: *»Kunsttherapie im Alter«*
2003 Beginn der schriftstellerischen Arbeit
2005 bis 2012 Leitung von Gedächtnistrainingskursen
2007 Fertigstellung der 1. Fassung des Romans:
      »Die Wiederkehr der Morgenlandfahrer«
2008 *»Norbert Wickbolds kleine Denkzettel«* starten
      mit: *»Das Henne-Ei-Paradoxon«*
2008-2010 Master-Studium in Erwachsenenbildung
2010 Veröffentlichung des Beitrags:
      »Vom Sinn des Lebens, des Sterbens und der
      Aufgabe des Alters« in Heft 23 der Zeitschrift:
      »Psychosynthese«, Navo-Verlag, Zürich
2012 bis 2015 Gedichtsammlung
2014 *»Wer weiß, wie wir mal werden?«* wird im
      Tredition-Verlag, Hamburg veröffentlicht
2015 *»Die Wiederkehr der Morgenlandfahrer«* und
      »Was seht ihr denn? – 42 Gedichte und Gedanken«
      werden im Tredition-Verlag, Hamburg veröffentlicht

weitere Infos:

Norbert Wickbold
wireno@t-online.de
www.heilkunstundfarbenpracht.info

Bücher erhältlich über
www.tredition.de

Zeitfracht Medien GmbH
Ferdinand-Jühlke-Straße 7
99095 Erfurt, Deutschland
produktsicherheit@kolibri360.de